윤원화

1002번째 밤

2010

wo
rk
ro
om

일러두기

— 국내에서 영어로만 발표된 전시, 작품명은 음차하되, 독자의 이해를 위해 일부 예외로 했다. 예)『독신자 파티(*Bachelor Party*)』

— 작품 크기는 세로, 가로, 깊이 순서이다.

— 단행본, 정기간행물, 앨범, 전시는 겹낫표로, 글, 논문, 기사, 노래, 작품은 홑낫표로 표시했다.

들어가며
시간의
소용돌이에서

드디어 책을 쓸 수 있는 시간이 생겼다고 착각했던 작년 연초에, 나는 조금 들뜬 마음으로 머리말의 첫 문장을 썼다. "이 책이 작년에 나올 수 있었다면 더 좋았을 것이다." 그때 나는 이미 이 책이 조금 늦었다고 생각하고 있었다. 2010년대의 처음 5년 동안 나는 매년 조금씩 더 바빠졌다. 무언가 책의 형태로 정리해야겠다고 처음 생각한 것은 2014년이었다. 하지만 그때 나는 서로 다른 네 개의 계약에 묶여 있었다. 세 개는 반 년짜리였고, 다른 하나는 지난해에서 넘어온 2년짜리였다. 여담이지만 나는 처음에 2년짜리 계약서에 서명을 하면서 내 인생에 업무 목적으로 이렇게 긴 시간을 요구하는 계약이 다시 있을까 하고 작은 감회에 젖었다. 이 동네에서 소규모 자영업자로 일하는 다른 많은 동료들처럼, 나의 시간도 대개 반년에서 1년을 주기로 움직인다. 당시 나에게 2년 후는 잘 상상도 되지 않는 먼 미래였다. 하지만 그것도 벌써 작년이 되었다. 우리의 시간은 이렇게 흘러간다.

　내가 사는 시간은 언제나 수수께끼다. 돌이켜보

면 아주 어릴 때부터 그랬다. 그것이 순전히 나의 개인적인 시간이라고는 생각하지 않기에 공부를 하고 글을 쓴다. 하지만 모든 사람들은 각자의 시간을 살고, 그 시간들은 다시 서로 다른 시간의 기류에 속한다. 언제부터인가 이 시간은 더 이상 '동시대'라는 하나의 우산으로 수렴하지 못하는 듯하다. 이제는 동시대성이라는 관념 자체가 오히려 20세기 후반의 특정한 조건 아래서만 성립할 수 있었던 독특한 허구처럼 보이기도 한다. 하지만 시간의 질서란 언제나 조작적 허구이니, 그것은 우리가 시간 속에서 우리 자신의 궤적을 이해하고 앞으로 나아갈 길을 찾기 위해 우리 스스로 그려야 하는 일종의 지도다.

물론 지도는 발행되는 순간부터 이미 시간에 뒤쳐지기 시작한다. 이 책이 다루는 내용은 지금 이 글을 쓰는 시점에서도 이미 과거에 속한다. 인간은 시간을 필요로 하고 그래서 자주 늦는다. 그렇지만 우리의 시간은 더 이상 뒤에서 앞으로 전진하거나 선에서 면으로 팽창하지 않는 것처럼 보인다. 오히려 우리가 과거라고 여겼던 것들이 소용돌이치면서 현재를 속박한다고 말하는 편이 맞을지도 모른다. 에드거 앨런 포의 『소용돌이 속으로 떨어지다(*A Descent Into the Maelstrom*)』(1841)에 나오는 노인의 말처럼, 소용돌이 속에서는 시계가 정지한다──그리고 청년은 하루아침에 머리가 하얗게 센 노인이 된다. 그는 소용돌이에 집어삼켜지지 않기 위해, 혹은 그저 예정된 죽음 앞에서 달리 할 일이 없었기에 소용돌이를 관찰한다. 그리고 그 소용돌이를 비스듬히 벗어날 수 있는 궤적을 발견한다.

　　이 책이 거기까지 닿을 수 있을지는 모르겠다. 애초에 내가 정확한 비유를 끌어온 것인지도 확신하기 어렵다. 포의 수많은 작품들 중에 또 다른 것으로 『천일야화의 천두 번째 이야기(*The Thousand-And-Second Tale of Scheherazade*)』(1850)가 있다. 여기서 세헤라자데는 1001일 동안 재미난 이야기를 이어나가서 흉폭한 왕의 마음을 돌리고 목숨을 구하지만, 이야기에 대한 미련을 버리지 못하고 1002번째 밤에도 왕을 깨워 이야기를 계속하다가 그만 왕의 노여움을 사서 다음날 아침 처형되고 만다. 나는 이 이야기에 약간 애착이 있는데, 왜냐하면 이것은 날품팔이 매문가이자 위대한 문학가로서 포의 자전적인 이야기이기도 하고, 그가 이 이야기를 쓸 때가 마침 지금의 내 나이이기도 했기 때문이다. 밤은 날마다 반복되고, 모든 밤은 그날의 목숨을 요구한다. 심지어 행복한 결말 이후에도.

　　지지부진하게 변화무쌍했던 지난 수년 동안 그 시간을 이해하기 위해, 또는 그저 살아가기 위해 썼던 작은 글들이 이 책의 출발점이 되었다. 그것들은 문자 그대로 소용돌이 속에서, 또는 한밤의 어둠 속에서 더

듬더듬 쓴 것들이다. 대부분 지금 시점에서 다시 고쳐 쓰거나 아예 처음부터 새로 써야 했지만—지금이 대체 어디인지는 이 책이 나온 다음에야 뒤늦게 알 수 있을 것이나—그 글들이 없었다면 이 책도 없었다. 따라서 이 책은 그동안 나에게 지면이나 강연 등의 발표 기회를 주었던 많은 사람들에게 빚지고 있다(다음 목록은 시간순이다).

　　『DT』의 동인이었던 박해천, 임근준, 최성민 씨, 미술가 Sasa[44]와 박미나 씨, 시청각의 큐레이터가 된 현시원 씨, 『도미노』의 동인이었던 김형재, 노정태, 박세진, 배민기, 정세현, 함영준 씨, 『버수스』의 편집자였던 김뉘연 씨, 『프레시안북스』의 기자였던 김용언, 안은별 씨, 문지문화원 사이의 기획자였던 신민경 씨, 『인터뷰』의 편집장이었던 김연임 씨, 『아트인컬처』의 기자였던 김재석 씨와 편집장이었던 호경윤 씨(2장 1절과 3장 2절은 각각 『아트인컬처』 2015년 3월호와 8월호에 실린 해당 전시 리뷰를 확장한 것이다), 중앙대학교 자유인문캠프의 잠수함토끼 여러분, 『퍼블릭아트』의 기자였던 안대웅 씨, 미디어버스의 임경용, 구정연 씨, 『건축신문』의 편집자 이경희 씨(3장 1절은 2015년 『건축신문』 13호에 실린 글을 확장한 것이다), 국립현대미술관의 큐레이터 손주영 씨, 『Afterpiece 막후극』의 큐레이터 남선우, 예희정, 최유은 씨(2장 2절은 2015년 인사미술공간에서 출간한 해당 전시 도록에 실린 글을 확장한 것이다), 디자이너 김영나 씨, 서울시립미술관의 큐레이터 박가희 씨(1장은 2015년 서울시립미술관에서 출간한 『리플레이』도록에 실린 글을 확장한 것이다), 『굿-즈』의 운영진 여러분. 그리고 이 책이 나올 수 있게 해준 워크룸 프레스의 김형진, 박활성 씨에게 감사드린다. 마지막으로 홍승표 씨에게, 나와 가장 많은 시간을 공유하는 나의 남편에게 아무도 모를 사랑과 감사를 전한다.

2016년, 서울
윤원화

서문
젊음을 둘러싼
추문

2010년대 중반에 접어들면서 서울의 미술계에는 '젊은 미술가'라는 유령이 떠돌았다. 실제로 젊은 미술가들이 활동할 수 있는 기회가 늘기도 했지만, 그만큼 미리 구획해놓은 빈자리에 젊은 미술가들을 한 덩어리로 뭉쳐 넣으려는 압력도 강했다. 여기에는 분명 시간의 흐름이 정체되고 있다는 우려가 깔려 있었다. 갑작스런 미래의 등장으로 현재의 무기력을 날려보내고 싶다는 조바심도 있었고, 어떤 식으로든 더 이상 물러날 데가 없다는 절박함도 있었다. 그리고 물론 이 모든 것에 대한 불만도 있었다. 요컨대 '젊은'이라는 수식어가 '미술가'에 대한 논의를 집어삼킨다는 것, 새로움에 대한 강박이 가짜 새로움과 가짜 미술을 범람시킬 뿐이라는 것이다.

　　그런 논란 속에서 어떤 미술이 있었는가? 또는 그 와중에 미술은 어디 있었는가? 이 책은 그런 질문들을 다룬다. 하지만 거기까지 나아가기 전에, 먼저 '젊다'라는 형용사에 달라붙은 반짝이 가루를 좀 떼어낼 필요가 있다. 지난 세기에 젊음은 무수한 이미지들로

육화되었다. 끝없는 놀라움의 원천이자 무한히 재생
가능한 자원으로서, 태양처럼 빛나는 젊음은 너무나
자명해서 굳이 설명할 필요조차 없는 것으로 여겨졌
다. 하지만 역사적으로 젊은이들의 사회적 영향력이
강했던 시기는 지극히 짧다(자원의 영향력이란 대개
그 소유주에게 귀속되는 것이지 자원 자체에게 돌아
가는 것이 아니다). 돌이켜보면, 젊음의 짧은 전성기는
변화의 속도가 너무 빨라서 과거의 경험이 오히려 새
로운 현실에 뛰어드는 데 방해가 되었던 시대, 누군가
의 말을 빌리자면 "인간 공통의 생활 프로그램이 새로
운 생활 프로그램을 생산할 수 있는 속도보다 더 빨리
허물어지는 사회적 상황"[1]의 예기치 않은 효과였다.

　　결과적으로 이때 만들어진 젊음의 이미지에는
두 종류의 서로 다른 시간이 접붙어 있다. 한편에는 미
래에서 과거로 역류하는 듯한 사건의 흐름, 갑작스럽
게 지평선 너머에서 출현한 미래가 현재를 덮치고 과
거를 지워버리는 시간이 있다. 다른 한편에는 성장하
고 노화하는 신체의 주기, 미성숙에서 만개에 이르는
짧은 절정 속에서 자기도 모르게 세계를 재생하고 천
천히 쇠락하는 유기체의 시간이 있다. 미래주의와 젊
은 육체는 서로의 빛으로 각자의 공백을 채운다. 미래

1　Alexander Kluge, *Lernprozesse mit tödlichem Ausgang*, Frank-
furt am Main: Suhrkamp, 1973, p.5.

주의는 젊은이의 충만한 육체를 아직 도래하지 않은 미래의 원천이자 상징으로, 새로운 세계를 약속하는 신성한 계약의 증거로 내세운다. 그리고 이 계약의 후광 아래서, 젊은이의 미성숙함은 기성 세계에 오염되지 않은 순정함이자 수수께끼 같은 미래의 전조로 특권화된다.

　　미래주의의 사자로서 신화적인 젊은이는 노련하고 의식적인 주체와 거리가 멀다. 그는 주어진 세계에서 어떻게 행동해야 할지 정확하게 알고 움직이는 것이 아니라, 그 반대이기 때문에 그토록 아름답고 또 정확한 안무에 따라 동작하게 되는 것이다. 하지만 그가 아름답고 정확하다는 것을 알아볼 수 있는 사람은 어디의 누구인가? 누가 그 기쁨을 주고, 누가 그 기쁨을 받는가? 젊음을 하나의 드라마로 탈바꿈하는 것은 모든 시간의 저장고로서의 무관심한 자연이 아니다. 서로 다른 시간 속에서 또 다른 시간을 예감하는 또는 기억하는 수많은 시선들이 젊음을 그처럼 극적이고 귀중한 것으로 무대화한다.

　　지난 20세기가 젊은이의 시대였다면, 그것은 무엇보다도 이러한 무대장치가 그동안 잘 작동했음을 의미한다. 역으로 2010년대에 젊음이 추문을 몰고 다닌다면, 그것은 어떤 이유에서든 이 장치가 오작동하고 있음을 시사한다. 젊음은 더 이상 미래와 결부되지 않는다. 미래의 빛은 꺼져버리거나, 또는 오히려 늙음과의 관계 속에서 가시화된다. 지난 세기에 젊고 잘 나가는 미래학자였던 한 소설가는 우리 세기의 미래를 다음과 같이 요약한다. "대도시의 늙은 사람들이 하늘을 올려다보며 두려움에 떤다."[2] 이것은 실제 세계의 추세이기도 하고, 우리에게 주어진 미래의 새로운 이미지이기도 하다. 2010년대 중반에 젊은 미술가들을 호명하는 전시가 유독 많았던 것은 우연이 아니다. 그것은 일종의 기우제처럼 주기적인 시간의 운행이 정상화되기를 기원한다. 하지만 그 속에서 젊은 미술가들은 미술의 시간이 그렇게 자연적이고 신화적인 것이 아님을 증언하면서, 각자의 목소리로 미술이 어디 있는지 되묻는다.

어긋나는 시간

2014년 초에 사무소에서 기획하고 하이트컬렉션에서 진행한 전시 『미래가 끝났을 때』는 이탈리아의 미디어 이론가이자 자율주의 운동가인 프랑코 베라르디, 일명 '비포'의 이론을 통해 젊은 미술가들을 조명했다. 비포에 따르면, 미래주의는 인간 스스로 앞날을 예측하고 건설하는 능력에 기반한 지극히 근대적인 현

---

2   "Bruce Sterling and Jon Lebkowsky: State of the World 2012," *The Well*, 2012년 1월 4일 자 포스트. www.well.com/conf/inkwell.vue/topics/430/Bruce-Sterling-and-Jon-Lebkowsky-page01.html

상이었다. 그런데 1970년대부터 자본주의 체제와 이를 뒷받침하는 기술 시스템이 인간의 인지 능력과 사회적 재구성 능력을 위축시키는 방향으로 나아가면서 — 말하자면 당대의 미래주의자들이 기대했던 것과 달리 "컴퓨터의 해방"이 "새로운 자유"를[3] 가져다주지 못하면서 — 인간의 정신은 미래에 개입하는 역량을 상실할 정도로 병들고 말았다. 따라서 지금 상황에서는 실패가 예정된 체제 변혁적 운동에 집착하면서 정신의 병을 더 키우기보다, 차라리 체제로부터 이탈하는 소극적 저항을 바탕으로 정신의 재활 치료에 주력해야 한다는 것이 비포의 진단이다.

　　말하자면 "인간의 추수는 나빴다."[4] 이것은 세계의 쇠퇴를 이야기할 때마다 빠지지 않고 흘러나오는 노랫가락이다. 그리고 이 노래는 필연적으로 세대론적인 구별을 불러온다. 금의 종족, 은의 종족, 청동의 종족, 그리고 철의 종족에 관한 아주 오래된 이야기가 되돌아온다. 그래서 비포의 서사 속에서는 모든 인간이 병들었지만 이는 다시 두 종류로 구별 가능하다.

　　먼저 1970년대 이후에 형성된 사람들, 단순히

3　Ted Nelson, *Computer Lib: You Can and Must Understand Computers Now; Dream Machines: New Freedoms Through Computer Screens — A Minority Report*, 자가출판, 1974.

4　아일린 파워, 『중세의 사람들』, 이종인 옮김, 즐거운상상, 2010년, 45쪽.

젊고 병들고 무능하고 고통받는 사람들이 있다. 그들은 미래도 과거도 없이 유의미한 시간의 흐름에서 비껴난 채 희뿌연 무기력 속에 잠겨 있는 존재로, 자발적인 변화 가능성이 전무하다고 여겨진다. 반면 1970년 이전에 형성된 사람들은 조금 다른데, 왜냐하면 이들은 미래가 없는 대신 과거가 있기 때문이다. 이들에게 체화된 미래주의적 환상은 현재의 늙고 병든 세계와 충돌하는 구시대의 유물로, 이미 충분히 늙고 병든 이들의 몸과 마음에 고통만을 안겨준다. 그러나 바로 이 고통으로부터 드라마의 무대가 열리고 결단과 행위의 가능성이 생겨난다. 비포는 자신의 동년배인 이들에게 과감히 미래주의를 버리고 새로운 "문화 혁명의 주체"가 될 것을 독려한다. 여기서 미래주의에 대한 반성은 "근대 문화에 스며들어 있는 원기 왕성한 젊음에 대한 비판"으로 확장된다.

젊은이들은 사회적 조건을 바꿀 수 없어 보이고, 서로 연대를 맺거나 한숨 돌리는 여유조차 가지지 못한 채 사회의 미로 속을 헤매고 있다. 노인 인구가 피할 수 없는 것들에 편안한 영혼으로 맞설 수 있다면, 이들이 새로운 희망의 담지자가 될 수 있다. 이들은 인류가 이제까지 알지 못했던 어떤 것을 발견할 수 있을 것이다. 나이 든 이들의 사랑을, 지혜 (…) 이외에 삶에서

그 어떤 것도 기대하지 않는 이들의 감각적 느
림을 말이다.[5]

그리하여 비포가 현재에 충실하면서 예기치 않은 시
간의 노선이 싹틀 수 있는 불확정성의 씨앗을 뿌리자
고 독려할 때, 젊음과 미래주의는 나란히 빛을 잃고 강
물에 버려진다. 그리고 젊은이들은 더 이상 기대할 것
이 없는 마비 상태의 좀비로서 현재 환경의 오염도를
알려주는 단순한 지표생물이 되거나, 아니면 비포의
가르침을 따라 시를 낭송하며 늙음의 지혜를 전수받
아야 하는 미숙한 수련자로 돌아간다.

　　　사실 『미래가 끝났을 때』가 비포의 이론을 그
렇게 철저하게 파고드는 전시는 아니다. 그러나 미래
의 약속이 소진되었다면 미래의 전령이라는 젊은이들
은 어떻게 되는가 하는—어느 정도는 이미 답을 내포
하는—질문은 전시 전체를 관통한다. 경쟁을 통해 참
가자를 걸러내는 대신 "선배 작가"들이 관심 있게 본
"후배 작가"들을 선정하고 직접 말을 붙이는 방식으
로 구성된 이 전시에서, 젊은 미술가들은 일종의 카나
리아처럼 배치된다.[6] 이들은 미래가 소진된 시대의 낙
인이 찍힌 자로서 사회적 모순에 휘말리고 미술 제도

5　　프랑코 베라르디 비포, 『미래 이후』, 강서진 옮김, 난장, 2013
년, 241~242쪽.

와 충돌한 개인적 경험들을 다양한 방식으로 가시화한다. 전시작들은 대개 사적 개인으로서 경험하는 일상의 층위와 그보다 넓게 조감되는 현실의 층위, 그리고 미술가로서의 활동을 규정하는 미술 제도의 층위가 유의미하게 결합하지 못하고 서로 어긋나는 상황을 조금은 자조적으로 고백한다. 그리고 이 모든 것은 백색 전시 공간의 서늘한 조명 아래서 사회 비판 또는 제도 비판이라는 미술 고유의 기능을 수행하는 어엿한 미술의 일원으로 회수된다.

하지만 일부는 이렇게 정해진 회로에서 탈선하여 예기치 못한 방향으로 나아간다. 어떤 의미에서든 전시장에서 가장 눈에 띄는 최윤의 작업들을 살펴보자. 최윤은 사람들이 주변의 애매한 빈자리들을 채우기 위해 사용하는 다양한 시청각적 기성품들을 전시장으로 불러온다. 「벽 스티커―스스로 접착할 수 있는 벽 장식」(2014)은 지하철 역사의 빈 벽에서 흔히 볼 수 있는 붉은 장미꽃 스티커로, 다른 작가들의 공간을 아무렇지 않게 침범하면서 전시장 전체를 잠식한다. 전시장에 들어서는 순간부터 나가는 순간까지 관객의 귀를 파고드는 날카로운 목소리도 최윤의 작업 일부다. 공간 한가운데 위풍당당하게 자리잡은 영상 설

6 　『미래가 끝났을 때』 전시 소개글, 하이트컬렉션 웹사이트. http://hitecollection.com/exhibitions/past/exhibitions-2014/when-the-future-ended/

치 「국민 매니페스토」(2012~2013)는 1월부터 12월
까지 자연 풍광을 담은 전형적인 달력 사진들을 배경
으로 그달의 인기 가요 가사를 낭송하는 반공 웅변대
회풍의 사운드를 반복 송출한다. 확실히 최윤의 작업
은 관객을 시청각적으로 괴롭힌다. 하지만 이는 단순
히 제도화된 미술에 대항하기 위해 현대 민속 문화를
그 대척점으로 내세우는 것도 아니고, 기성세대의 미
술이 추구했던 미학적 이상과 동시대 젊은 미술가들
이 대면하는 헐벗은 현실을 대조하는 것도 아니다. 오
히려 작가가 주목하는 것은 무엇으로든 빈 공간을 메
우고 고요한 시간을 가리면서 어떤 구멍과 대면하지
않으려는 불안의 심리이고, 그런 불안에 의해 빠글빠
글하게 가득 채워진 세계에서도 기어코 재발견되고야
마는 구멍의 존재다.

   광대한 풍경 속에서 떠오르는 것인지 저무는 것
인지 알 수 없는 여러 개의 태양들, 또는 그저 선들과
원들이 두서없이 반복되는 「이미지 벽」(2012~2013)
의 전면 회화는 최윤이 주변에서 수집한 이미지들로
부터 무엇을 보고 있는지를 가장 직접적으로 전달한
다. 그가 바라보는 것은 구멍을 막고 또 구멍을 뚫어놓
는 존재로서 이미지 자체다. 이미지는 빛을 가릴 수도
빛을 들여올 수도 있지만 너무 많은 태양들은 방향을
잃게 하고 심지어 눈을 멀게 할 것이다. 따라서 이미지
들은 좋은 이미지와 나쁜 이미지 또는 미술과 미술 아

닌 것으로 쉽게 양분되지 않는다. 「이미지 벽」의 나머지 한쪽 면을 메우고 있는 장식용 스티커 벽지는 반대쪽 면의 회화 역시 벽을 메우는 일종의 벽지일 수 있음을 시사한다. 그러나 작가는 성급하게 이런 벽지와의 차별성을 확보하려는 대신 벽지라는 것 자체를 충분히 바라보고 숙고하고자 한다.

일출 또는 일몰은 누구나 감상에 젖고 아름다워하는 광경이지만 이는 매일같이 반복된다. (…) 오늘이 가는 것인지 내일이 오는 것인지에 대한 모호한 상황은 암묵적인 초조함을 낳는다. 하지만 사람들은 여전히 해가 뜨거나 지게 될 것이라는 믿음으로 살아간다. 그래서 그들은 자신의 방에 해와 바다가 있는 풍경화를 걸어놓는다. 내가 허공이 아닌 땅 위에 있다는 안도감, 어둠이 아닌 빛이 있다는 희망은 무질서에 수평선과 원이 필요한 이유이다. 그런데 태양이 여러 개일 때는 태양이라는 이름이 가진 추상을 넘어 어떤 것이 진짜 태양인지 추상하는 과정이 중요해진다.[7]

---

7   최윤, 「이미지 벽」 작가 노트, 작가 웹사이트. http://yunyunchoi.com/index.php/when-the-future-ended/image-wall-2/

최윤
「이미지 벽 #3」
2012~2013
총 4점 중 첫 번째 이미지 벽(앞면)

최윤
「이미지 벽 #3」
2012~2013
총 4점 중 첫 번째 이미지 벽(뒷면)

여기서 이미지를 세우는 행위는 질서를 불러내는 행위와 동일시된다. 그리고 이는 고전적인 공간적 체계를 구축한다기보다 오히려 거주 가능한 시간의 분절을 확보하려는 노력으로 이해된다. 이런 시도는 대개 원하는 결과에 도달하지 못하지만 그렇다고 추구할 가치가 없는 것은 아니다. 한낱 이미지일 뿐이라 해도, 혼란스러운 화면의 한가운데에는 언제나 딱 절반만큼 수평선에 걸린 태양이 있다. 이후의 시간이 밤인지 낮인지, 시간이 바로 흐르는지 거꾸로 흐르는지 이대로는 알 수 없지만, 그럼에도 중앙의 수평선을 가로지르는 하나의 태양은 유의미한 시간의 건축이 가능할지도 모른다는 작은 희망을 준다.

　　이처럼 그저 빈 구멍을 채우는 솜뭉치로서 소비되고 그런 솜뭉치 같은 것들을 소비하는 빈 구멍이 되는 대신 어떤 형태로든 발을 디딜 수 있는 시간의 집을 짓고자 하는 것은 강정석의 영상 작업 「야간행」(2013)에서도 뚜렷하게 목격되는 태도다. 여기서 작가는 한밤중에 또래 친구들과 눈 쌓인 산을 오르면서 각자의 과거를 반추하고 내려오는 과정을 기록한다. 헤드 랜턴의 흐린 빛이 드리우는 눈앞의 길을 제외하면 화면은 온통 어둠이고, 인물들의 몸에 부착된 카메라는 흔들리는 발걸음을 따라 자꾸만 빛이 닿지 않는 곳을 바라본다. 그런 어둠 속에서, 이들은 눈 덮인 산길을 헉헉대고 오르며 각자의 이십대를 돌림노래처럼

연대기 형식으로 낭송한다. 크게 즐거울 것이 없는 이
야기가 끝나고 정상에 도착한 이들은 번갈아가며 카
메라 앞에 서서 역시 별것 없는 각자의 소망 또는 전망
을 말한다. 그리고 산을 내려온다.

　　하산하는 길. 여기서부터는 새로운 시간이다.
이는 겨울 산을 등반하는 의식적 행위를 통해 이십대
의 시간이 상징적으로 종결되었기 때문이기도 하지
만, 그러한 종결의 의식을 촬영해야 한다는 그날 밤의
공식적인 목적이 이미 달성되었기 때문이기도 하다.
산을 오르는 「야간행」의 전반부에 비하면 산을 내려
가는 후반부는 비교적 자유롭다. 미리 정해둔 행동 지
침이나 암묵적인 촬영의 규칙은 정상에 도착해서 각
자의 다짐을 녹화한 시점에서 전부 만료된 듯하다. 남
은 시간은 별 제한 없이 풀려나간다. 물론 여전히 밤
은 어둡고 길은 험하며, 그 속에서 할 수 있는 일은 그
렇게 많지 않다. 하지만 소기의 목적을 달성했다는 작
은 성취감 때문이든 너무 춥고 피곤해서 얼이 빠졌기
때문이든 간에, 내려가는 길은 좀 더 즉흥적이고 왁자
지껄하다. 친구들끼리 실없는 농담을 던지고, 길을 헤
매고, 좀 더 쉽게 내려가려고 눈 쌓인 땅에서 미끄럼을
타려다가 번번이 실패하거나, 눈 위에 눕고, 노래를 부
르고, 서로에게 눈을 던지고, 기념 사진을 찍는 동안,
카메라는 그들 사이에서 보이는 것들을 잘 담아두려
고 애쓴다.

이 후반부는 지난 10년 동안 이들이 어울렸던 시간을 어쩌면 전반부보다 더 생생하게 전해준다. 결국 시간의 경계란 붓으로 그린 수평선처럼 임의적인 것이다. 어떤 것은 변하지 않을지도 모르고, 어떤 것은 변할지도 모르지만, 그날 밤의 캄캄한 겨울 산에서는 아직 아무것도 알 수 없다. 그럼에도 이 시간은 작가와 친구들이 만들어낸 공통의 작은 결과물로서, 제각기 알 수 없는 시간을 마주하게 될 서로에게 일종의 선물처럼 건네진다. 전시장에서 영상을 보는 관객은 화면 속에서 무거운 발걸음을 내딛거나 퉁명스럽게 말을 던지는 이들이 관객 자신을 향해—그리고 관객을 통해 대표되는 미술 제도나 기성 사회를 향해—발화하고 있다고 착각하기 쉽지만, 영상의 후반부는 이들이 우리를 위해 그 산에 올랐던 것이 아님을 명확하게 보여준다.

이런 작업들은 총체적인 시간의 흐름을 전제하고 이를 견인하는 세대의 수레바퀴를 그려 넣으려는 전시의 기획과 약간 어긋나게 움직이면서, 자신들을 에워싼 시간을 주의 깊게 탐사하고 그 속에서 다른 시간의 실마리를 찾으려 시도한다. 확실히 미래주의적 태도는 더 이상 찾아보기 어렵다. 어딘가 먼 곳으로부터 신비로운 이방인처럼 새로운 사람들이 나타나 벽력 같은 구원을 내려주기를 바란다면, 그런 것은 없다. 이들은 무엇보다도 지금 우리의 세계로부터 솟아난 존재들이기 때문이다. 대체 이들에게서 기대되는 구원이란 무엇인가? 애초에 『미래가 끝났을 때』 같은 전시를 조직하는 근본적인 목적은 제도 내에서 순환되고 그럼으로써 제도를 부양하게 될 신선한 미술가들을 확보하는 것이다. 전시는 미술을 떠받칠 다음 세대의 미술가들을 소개하고 새로운 미술의 전망을 공표해야 한다. 그런데 안타깝게도 미래가 끝났다고 한다. 전시는 스스로 미술의 밝은 미래를 보여준다고 자랑스럽게 선언하지 못한다.

　『미래가 끝났을 때』라는 전시명에는 못난 자식을 대하는 부모의 양가적 태도 같은, 막연한 온정과 차마 발설하기 어려운 난감함이 뒤섞여 있다. 눈에 띄는 젊은 미술가가 없다는 말은 2010년대 전반기에 공공연하게 들리던 불평이었다. 하지만 자신을 떠받칠 젊은 미술가들을 수급하지 못해 조바심 내는 미술이란 대체 무엇이고, 그럼에도 불구하고 젊은 미술가들이 수행적으로 발견해나가는 미술은 또 무엇인가? 여기에는 서로 다른 두 개의 미술, 두 개의 시간이 중첩되어 있다. 이 시간들은 때로 동일한 전시에, 심지어 동일한 작업에 중복 투영되면서도 서로 마주치지 못하고 미끄러진다. 이러한 미끄러짐 또는 시간의 탈구를 전면화하기 위해서는 조금 다른 시점이 필요하다.

지금 여기의 풍경

'지금여기'는 낙산공원과 가까운 창신동 기슭의 다세대주택 1층(엄밀히 차고 공간)에 위치한 작은 전시 공간이다. 사진가 김익현과 홍진훤은 2015년 3월에 지금여기를 개관하여 봄, 여름, 가을에 세 번의 기획 전시를 선보였다. 굳이 분류하자면 지금여기는 젊은 미술가들과 기획자들이 자발적인 활동의 장을 도모하는 이른바 '신생 공간' 중의 하나다. 신생 공간들의 존재는 그 자체로 이미 오래 전부터 분기해온 다른 미술의 시간들이 가시화된 결과였다. 그러나 2015년 내내 신생 공간들에 쏟아진 관심은 — 젊은 미술가들에 대한 관심과 마찬가지로 — 그것이 미술 제도로 어떻게 회수될 수 있을 것인가에 집중되었다. 그것은 '미술'을 재생하는 젊음의 묘약이 될 것인가, 아니면 아무 효과도 없는 가짜 만병통치약에 불과할 것인가, 어쩌면 '미술'이 결코 삼켜서는 안 되는 독약으로 판명될 것인가? 구체적인 접점 없이 분열된 시간들 사이에서, 이런 질문들은 정확한 수신처에 도착하지 못하고 흩어져버리기 일쑤였다.

여기서 '미술'은 의미 있고 가치 있는 것들만 들어갈 수 있는 어떤 배타적 영역으로 자신을 선포하고 당연한 헌신을 요구한다. 하지만 헌신을 주고받으려면 제도적, 상상적 차원에서 최소한의 공유지가 — 주관적 감상을 넘어서 의미와 가치가 생산될 수 있는 공

통의 장으로서의 시공간이 — 뒷받침되어야 한다. 과
연 '미술'의 바깥에 그와 같은 공유지가 존재했는가?
젊은 미술가들이 별도의 시간으로 분기한다는 것은
단순히 특권적인 '미술'의 시공간으로부터 배제되어
떨어져 나간다는 의미가 아니다. 그것은 무엇보다도
이러한 공유지의 부재로부터 촉발된 현상이며, 신생
공간들의 등장 또한 그 연장선에 있다. 출발점이나 접
근법은 제각각이라도, 이들은 모두 납작한 지금 여기
로부터 무엇이든 유의미한 행위가 일어날 수 있는 공
통의 시공간을 더듬더듬 만들어나가야 한다는 동일한
과제와 맞닥뜨린다.

　　『지금 여기, 장님 코끼리 만지듯』에서 『타임라
인의 바깥』, 그리고 『어쩌다 이런 곳까지』에 이르는
지금여기의 2015년 기획 전시들은 바로 이러한 시행
착오의 과정을 정직하게 기록하고 실행한다. 제목 그
대로 지금 여기서 암중모색하는 동료 미술가들을 초
대하고, 구체적인 지금의 시간과 여기의 공간을 함께
탐구할 수 있는 새로운 동료들을 계속 찾아나간 결과
가 고스란히 전시로 보여진다. 이러한 전시의 연쇄는
그 자체로 상당히 고무적인 시간의 풍경을 이루지만,
두 운영자는 순전히 자신들의 노동으로 지탱되고 있는
이 시간의 전망을 그렇게 낙관하지 못한다. 직접적으
로 시간의 문제를 다루는 두 번째 전시 『타임라인의 바
깥』을 살펴보자. 전시 서문에서 두 사람은 월세를 내

기 위해 부업을 나갔던 경험을 이야기한다. 하지만 이들이 제기하는 문제는 경제적 불안정성이나 그에 따른 지속의 어려움이 아니다. 진짜 문제는 고립을 벗어나서 무의미한 공회전을 멈추기가 가능하냐는 것이다.

지난 4월 공간 임대료라도 벌어보겠다고 한 기획사를 통해 모터쇼 행사 기록 알바를 했다. 자동차, 딜러, 레이싱 모델 — 스마트폰, 셀카봉, 대포 카메라 — 관람객을 촬영하는 것이 우리 둘의 임무였다. 매일 아침이면 전시장의 오픈과 함께 우르르 몰려 들어온 사람들이 자동차를, 모델을, 자신을, 쉴 새 없이 찍어대는 진풍경이 펼쳐졌다. 그리고 우리는 그 풍경들을 쉴 새 없이 찍어댔다.

우리는 짬이 나면 구석에 주저앉아 푸념했다. "뭐 저런 무의미한 사진들을 찍어댈까?" (…) 그런데 사진을 찍다 보니 사진을 찍히는 사람들의 시선이 심상치가 않다. 그들 또한 우리에게 묻고 있었다. "뭐 저런 무의미한 사진들을 찍어댈까?"[8]

---

8   김익현·홍진훤, 「기획의 글」, 『타임라인의 바깥』, 전시 소책자, 지금여기, 2015년.

여기서 시간은 지속적으로 쌓아나가거나 주기적으로
갱신해야 하는 하나의 총체적 흐름이 아니라 파편화
된 세계에서 제각기 흘러가는 또는 흐르지 못하고 맴
도는 시간들의 다발로 나타난다. 그 속에서 이들은 자
신들이 옳고 저들이 틀렸다거나, 또는 그 반대라거나,
또는 문화는 다양하기 마련이라는 무조건적인 포용
의 논리로 이 미끄러짐을 해소하지 못한다. 오히려 지
금여기의 운영자들은 그들 자신이 건전한 생활의 리
듬과 적법한 미술의 시공간으로부터 동시에 미끄러진
것이 아닌가 하는 의혹을 버리지 못하며, 그러면서도
계속해서 미끄러지기를 멈추지 못한다. 하지만 바로
그렇게 이상한 시간의 내부에서 그것을 의식하고 있
기 때문에, 이들은 어긋나고 헛도는 시간을 함께 바라
보자는 제안을 할 수 있고, 이를 위한 전시를 만들 수
있다.

　　『타임라인의 바깥』은 의미를 산출하지 못하
는 불모한 시간과 그것이 유발하는 바닥 없는 피로로
가득 차 있다. 여기서도 관객을 맨 처음 맞이하는 것
은 최윤의 후크송 같은 사운드다. 이 전시에서 최윤은
「진보」(2013~2015)라는 제목으로 지하철 역사를 장
식하는 지역별 관광지와 달리는 기차 이미지들을 수
평 방향으로 훑어가면서 역명만 바꿔가며 끝없이 반
복되는 지하철 안내방송을 틀어놓는다. 관객은 전시
장에 머무는 내내 개량 국악 같은 낯익은 곡조와 물에

번진 것 같은 목소리를 들어야 하는데, 더 괴로운 것
은 전시장 밖으로 나간다 해도 서울에서 움직이는 한
에는 그 소리를 벗어날 방도가 없다는 사실이다. 지하
철 승객의 시점에서 수평선 다발처럼 일렁이는 창밖
야경을 촬영한 안동일의 「스크래치(*Scratch*)」(2014)
연작은 최윤의 사운드가 불러일으키는 순환선의 폐쇄
감을 한층 더 증폭시킨다. 그 속에서 관객은 방에 쌓인
먼지를 청소하듯이 매일 무신경하게 몸 바깥으로 추
방해왔던 일상의 피로와 강제로 대면하게 된다.

　　　이는 단순히 나의 피로 또는 우리의 피로가 얼
마나 깊고 어두운지 의기양양하게 흔들어 보이는 것
이 아니다. 문제는 피로의 강도가 아니라 피로의 형태
와 효과다. 이 전시에서 강정석은 두 개의 영상 작업을
선보인다. 하나는 동료 미술가인 한진에게 매일 한강
다리로 나와서 자신의 다짐을 말하도록 하고 그 과정
을 기록한 「나와의 약속」(2014)이다. 최윤의 지하철
안내 방송이 점령하고 있는 전시 공간에서 한진의 목
소리를 들으려면 헤드폰을 써야 하지만, 사람이 아니
라 자동차의 속도와 규모에 따라 설계된 한강 다리 위
에서 미술가의 목소리는 주변의 굉음에 묻혀 때로는
마이크에 닿지도 못하고 흩어진다. 여기에는 거의 바
스라지는 것 같은 고립의 감각이 있다. 단순히 개인들
이 각자의 시간에 감금되는 것이 아니라 한 문장과 그
다음 문장, 하루와 그 다음 하루가 유의미하게 연결되

지 못하고 토막토막 끊어져버린다.

시간의 관절이 빠진 자리에 남는 것은 시간의 뼈밖에 없다. 죽음의 피리 소리로 이 뼈다귀들을 끌어내어 춤추게 할 수 있을지는 모르지만, 메마른 관절을 살리고 살이 돋게 하려면 그런 것과는 조금 다른 무언가가 더 필요하다. 강정석의 또 다른 영상 작업 「콩알탄 사나이 교집합」(2010)을 보자. 여기서 세 명의 친구들은 둥글게 서서 서로를 밀거나 당기면서 춤추는 것 같기도 하고 싸우는 것 같기도 하고 액션 영화의 안무를 흉내 내는 것 같기도 한 몸부림을 계속한다. 사실 이 몸부림은 오래 전부터 계속된 것이다. 2010년작인 「콩알탄 사나이 교집합」은 2008년작인 「교집합」을 다시 만든 것으로, 이 친구들은 그때나 지금이나 계속 몸부림을 치고 있다. 작가는 이 몸부림의 시간에 마디를 부여하고자 한다. 두 번의 영상 작업을 통해 시간은 의식적으로 반복되고 변주된다. 「콩알탄 사나이 교집합」에서 세 친구들은 전에 없던 허름한 양복을 입고 콩알탄을 쥐었다. 비척거리는 몸부림 사이로 이들은 간혹 콩알탄을 던지고, 그때마다 카메라는 무언가 대단한 사건이라도 터진 것처럼 느린 화면으로 방금 전의 시간을 되돌린다. 이 하찮은 의식은 해가 뉘엿해질 때까지 계속된다.

이 시간을 이끄는 것은 확신이 아니다. 여기에는 분명 현재의 꽉 막힌 시공간에 대한 환멸이 있고 그

것을 벗어나려는 의지가 있지만, 그것이 저기 어딘가
에 밝은 미래 또는 훌륭한 미술이 있다거나 자신이 바
로 그곳을 향해 나아가고 있다는 믿음으로 뒷받침되
지는 않는다. 오히려 이들은 그런 외부적인 구원의 빛
을 상상하기 어려운 상황에서—이들은 어디로도 구
원을 아웃소싱할 여지가 없기에—지금 여기를 탐사
하고 궁극적으로 헤쳐나가기 위한 장치들을 발명해야
한다. 그리고 이를 위해서는 때로 "백미러를 통해 현
재를 바라보고 미래 속으로 거슬러 행진한다"[9]라는 지
난 세기 미래주의자의 조롱을 문자 그대로 실행할 필
요가 있다. 적어도 예기치 못한 일들이 동시다발적으
로 벌어졌던 2015년을 이해하려면 과거에 현재를 비
추고 다시 현재에 과거를 비추어보려는 노력이 절실
하다.

　　지난 몇 년을 떠올려보라고 하면 딱히 무슨 일
이 있었는지 잘 기억나지 않는다는, 또는 애초에 기억
할 만한 아무 일도 없었다는, 또는 단도직입적으로 기
억하고 싶지 않다는 이야기를 종종 듣는다. 그것은 하
나의 미래주의가 또 다른 미래주의로 대체되기를 반
복하면서 결국은 아무 의미도 없는 순수한 '미래'와
'창조'의 메아리만이 울려퍼지는 시간이었다. 그 과정

9　마셜 매클루언·쿠엔틴 피오르, 『미디어는 맛사지다』, 커뮤니
케이션북스, 2001년, 75쪽. 번역 일부 수정.

에서 불모한 미래의 바람은 아무것도 데려오지 않은 채 너무 많은 것들을 파괴해버리고 지나갔다. 그럼에도 미래가 소 떼처럼 밀려오기를 기원하는 마음, 어쩌면 그것이 2015년의 떠들썩한 풍경을 만든 하나의 원동력이었을 것이다. 그러나 2015년에 도래한 것이 무엇이든 그것은 미래에서 발송된 것이 아니라 과거의 미래주의들이 남기고 간 잔해에서 돋아난 것이다.

　　이 책은 바로 그 시간을 이해하려는, 적어도 일부나마 재현해보려는 시도다. 나는 의도적으로 이 책의 내용을 연대기순으로 정리하지 않았다. 우리의 시간은 그렇게 질서정연하게 흐르지 않았다. 이 책의 목적은 시간의 질서가 무너졌던 지난 몇 년의 풍경을 재구성하면서, 2015년에 벌어진 여러 이벤트들이 그 시간들을 어떻게 반영하고 또 변형했는지 알아보는 것이다.

　　본문은 크게 세 개의 장으로 나뉜다. 각각의 장은 2000년대 중반부터 2010년대 중반까지 서울에서 공간과 시간, 그리고 미술 제도가 어떻게 변모했는지 살피고, 그 변화에 직접적으로 반응하거나 관여했던 미술가들과 기획자들의 활동을 검토한다. 1장에서는 도시 환경의 변천, 특히 2000년대 서울의 도시 재생 정책이 어떻게 미래주의의 연장선에서 폐허를 양산하게 되었는지 돌아본다. 폐허는 2000년대 중반부터 다양한 미술 전시의 배경이자 주제가 되어왔지만, 그 접근

들은 일률적으로 재단할 수 있는 것이 아니다. 이 장에
서는 2006년부터 2009년까지 보안여관의 사례, 2008
년 서울시의 아트팩토리 정책과 2009년 구 기무사(현
국립현대미술관 서울관)의 활용 사례, 그리고 2010년
전후로 옥인콜렉티브와 길종상가의 활동을 차례로 짚
어보면서, 지난 10여 년 동안 폐허를 바라보는 인식의
변화와 분화가 미술에 어떤 흔적을 남겼는지 되돌아
본다.

　　2장에서는 2000년대 서울의 미술계에서 동시
대적 시간의 전망이 어떻게 미래주의와 역사주의의
선형적이고 영웅적인 시간을 넘어서는 어떤 초시간
적이고 대안적인 것으로 받아들여졌는지 기억을 더
듬어본다. 이 같은 낙관적 전망은 2010년대로 온전히
착지하지 못했지만, 결과적으로 문서와 출판물이 동
시대적 미술의 매체로 자리잡을 수 있는 계기를 마련
했다. 그럼에도 여기에는 어떤 망각이 가로놓여 있다.
이를테면 2015년 언리미티드 에디션을 들끓게 한 힘
은 2006년 원서동 인사미술공간을 책으로 채우게 했
던 힘과 일치하지 않는다. 이 장에서는 각각 2006년,
2008년, 2013년부터 지금의 공간에서 활동을 시작한
인사미술공간, 백남준아트센터, 시청각의 2015년 전
시들을 길잡이 삼아, 시간의 매체로서 문서가 거쳐온
지난 10여 년간의 작은 역사를 복원한다.

　　3장에서는 2000년대 이후 동시대적 시간의 전

망이 침식되면서 나타난 제도의 분화, 특히 미술관의
위상 변화와 그에 따른 시간의 분기를 따라간다. 2010
년대는 미술의 위상이 사회의 예외적 외부에서 내부
적 일원으로 옮겨가고, 미술의 생산과 소비가 더 이상
별도의 변칙적 시장이나 특권적 지원에 뒷받침되지
않는 문화 산업의 일원으로 용해되어가는 시간이었
다. 그 속에서 미술 제도의 크고 작은 구성원들은 제각
기 자신의 시간을 이어나갈 수 있는 나름의 길을 찾아
야 했으니, 미술관, 상업 화랑, 대안 공간, 심지어 미술
생산의 최소 단위로서 미술가들도 예외는 아니었다.
이 장에서는 국립현대미술관 서울관으로 대표되는 가
장 유서 깊은 미술관의 선택과 이른바 '신생 공간'으로
대표되는 가장 젊은 미술가들의 선택을 대조하면서
오늘날 미술이 처한 상황을 가늠해본다.

　　마지막으로 부연이 있다. 여기에서는 현재 진
행 중인 시간에 대한 성급한 결론을 우회하여, 앞
서 본문에서 구축한 2000~2010년대의 시간 위에서
1990~2000년대 한국 미술을 바라보는 하나의 가설적
프레임을 제안하고자 한다. 1994년 서울 정도 600주
년기념전에서 『도시와 영상』, 『미디어시티서울』, 그
리고 2014년 서울시립미술관 『Sema 비엔날레』에 이
르는 일련의 계보는, 한 도시의 자기 표현적이고 자기
상상적인 활동으로서 어떤 '서울의 미술'이 태동하고
쇠퇴하기까지의 시간을 예시한다. 국가와 민족의 역

사적 시간 속에서 상상되었던 그 이전까지의 한국 미술과 달리, '서울의 미술'은 전 세계 유수의 대도시들이 실시간으로 교류하는 어떤 동시대적 네트워크 속에서 변화무쌍하고 끝없이 소진되지 않을 자기 자신을 꿈꾸었다. 하지만 무슨 이유에서든 그 꿈을 지속하기가 어려워지면서, 오늘날 미술은 자신이 놓일 수 있는 곳을 찾아 다른 도시, 다른 지역, 또는 다시 국가로 뿔뿔이 흩어지고 있다.

　　우리가 속한 2010년대의 서울은 더 이상 미술의 거점이자 주제로서, 또는 어떤 영감의 원천이자 후원자로서 그다지 유망하게 여겨지지 않는 듯하다. 애초에 미술이 한 도시에 너무 밀착되는 것 자체가 문제였을지도 모른다. 하지만 그렇다고 미술이 더 이상 서울을 마주보려고 하지 않는다면, 지금 여기를 포기하고 어딘가 좀 더 아름답고 유의미한 곳으로 떠나버리고 만다면, 서울의 시간은 영영 이 자리에 고여 있을 것이다. 서울은 여전히 비천하고 휘황하다. 하지만 앞으로도 우리는 그 희뿌연 그늘 아래 살아가야 한다. 이 도시의 무거움과 가벼움, 또는 하찮음과 장엄함 사이에서 무엇을 어떻게 더 해나갈 수 있을지, 이 책은 그런 질문들에서 출발한다.

1장
매혹하는 폐허

지난 수년 사이에 폐허는 우리가 새로운 미술 공간들을 방문했을 때 흔히 마주치는 것이 되었다. 페인트칠로는 다 가려지지 않는 울퉁불퉁한 벽체와 바닥, 의도치 않게 노출된 콘크리트의 눅눅한 냄새, 아마도 그 이전에 공간을 점유했을 어떤 것의 내장재가 불완전하게 뜯겨 나간 자국, 무언가 연상해야 할 것 같지만 실은 구체적으로 떠오르는 것이 별로 없는 익명의 독해 불가능한 흔적들. 그것은 이 공간들의 초기 조건을 가시화하는 동시에 그 자체로 일종의 인테리어 디자인처럼 기능하여, 거기서 일어나는 미술 전시나 이벤트에 인상적인 배경을 제공한다.

　　그런데 이 인상에는 기시감이 있다. 그동안 얼마나 많은 폐허 공간들이 사라지고 또 생겨났는지, 폐허를 다룬 작업은 또 얼마나 많았는지 생각해보면, 우리 눈앞의 폐허는 진부하다 못해 조금은 불길해 보이기까지 한다. 결국 폐허 애호는 밝은 미래를 불러오지도 과거를 진지하게 탐구하지도 못하면서 그저 현재를 낯설고 기괴한 것으로 소비하는 데 불과하지 않은

가? 어느 정도는 그렇다. 하지만 거꾸로 생각하면 폐허는 낯설고 기괴해진 현재가 우리 앞에 모습을 드러내는 방식이기도 하다. 그런 시간이 몇 년이나 계속되고 있다. 그렇기 때문에 폐허를 기계적으로 향유하거나 배척하기에 앞서 한번쯤 찬찬히 들여다볼 필요가 있다. 하나의 폐허가 아니라 여러 개의 폐허들을, 서울의 여기저기서 폐허들이 생산되고 사용되었던 시간 자체를 되돌아봐야 하는 것이다.

폐허는 단순히 낡고 쇠락한 것이 아니다. 이를테면 1990년대에 서울의 변두리가 노후하고 영락해 보인다고 해서 그것을 폐허라고 부르는 사람은 없었다. 도시에는 오래된 것들이 존재하기 마련이지만, 허름하게 더러워진 건물들은 크게 예쁨 받거나 미움 받지 않으면서 평범하게 제자리를 지키다가, 때가 되면 하룻밤 새에 해체되고 산뜻한 신축 건물로 대체되었다. 극적인 예로 1995년 광복 50주년을 기념해서 중앙청(구 조선총독부) 건물을 폭파하고 경복궁을 복원한다고 했을 때, 거기에는 폐허가 들어설 여지가 전혀 없었다. 우리는 새롭고 견고한 것을 사랑했고 파괴는 그 사랑의 당연한 대가였다. 미래에 대한 강렬한 믿음 속에서, 폭파의 스펙터클은——해체 현장을 가득 메운 굉음과 먼지조차도——지난날을 보내고 새로운 날을 열기 위한 기공식의 축하 공연처럼 향유되었다.

폐허가 출현하는 것은 이 같은 근대화의 시간,

더 나은 미래를 향한 일방통행로가 무너지는 신호다.
한편에서는 효용을 상실한 과거의 폐기물들이 제때
치워지지 못한 채 쌓여가고, 다른 한편에서는 사람들
이 자꾸 눈앞의 풍경을 현재의 일부가 아니라 여기 어
울리지 않는 과거의 잔해 또는 이미 도래했어야 하는
미래의 빈자리로 인식한다. 물리적으로 부서진 것이
기 이전에 시간적으로 파손된 것으로서, 폐허는 종종
착시를 부른다. 때로는 아주 육중하고 구체적인 존재
라도 무언가 이미 무너진 것 또는 벌써 지나가버린 것
의 잔상처럼 보임으로써 폐허가 될 수 있다. 이렇게 시
간 속에서 제자리를 잃고 방치된 것들은 순식간에 늙
고 황폐해진다.

　　서울의 폐허들은 도시의 유서 깊은 역사가 아니
라 이곳의 가공할 만한 속도와 그 실패를 증언한다. 우
리는 미래에 대한 신념으로 이 도시를 만들어왔다. 막
연히 "세계로 미래로"[1] 나아간다는 1990년대식 낙관

1　　"세계로 미래로"라는 표현은 1986년 대우자동차 르망의 광고
카피로 처음 등장한 것으로 추정되는데, 이후 1990년 노태우 대통
령 정상 외교 화보집의 제목으로 채택되었고, 1990년대 중반에는
세계화를 중시했던 김영삼 대통령이 연설 때마다 입버릇처럼 사용
하여 주요 대기업의 슬로건마다 들어가는 말이 되었다. 2000년대
에도 지방자치단체의 관성적인 구호로 잔존하기는 했지만 아무래
도 1990년대의 유행어로 기억된다. 『세계로 미래로: 노태우 대통령
정상 외교 화보』, 대통령비서실, 1990년; 김영삼, 「1995년 신년사:
세계로 미래로 함께 달려갑시다」, 대통령기록관. http://15cwd.
pa.go.kr/korean/data/expresident/kys/speech2.html 참조.

주의는 1997년 금융위기로 산산이 흩어졌지만, 오히
려 그렇기 때문에 전 세계와 무제한으로 경쟁하면서
미래를 쟁취해야 한다는 — 또는 미래에 의해 간택되
어야 한다는 — 공격적인 미래주의가 더욱 힘을 얻었
다. 그 속에서 서울은 문자 그대로 뼈를 깎는 노력을
통해 젊음을 유지하고 "맑고 매력 있는 세계 도시"가
되려고 애써왔다.[2] 그러나 바로 이런 노력이 역설적으
로 2000년대 후반에 대량의 폐허를 양산했다. 약속된
미래가 제때 도착하지 않은 곳마다 폐허가 생겨났
지만, 현재를 과거로 밀어내고 그 자리에 미래를 소환하
려는 몸부림은 멈추지 않았다. 미술이 폐허와 대면하
는 것은 바로 이 지점이다.

2   이는 2006년 취임한 오세훈 전 서울시장의 슬로건이었다. 오
세훈, 「취임사: 맑고 매력 있는 세계 도시 서울, 창의와 열정으로 새
로운 서울을 시작하며」, 서울시 구 웹사이트. www2.seoul.go.kr/
web2006/mayor/03/0301.html 참조.

근대화의 유산

지난 세기 내내 서울은 젊고 성장하는 도시였다. 쉴 새 없이 폭증하는 인구를 수용하기 위해 개발과 확장을 거듭하는 동안, 서울은 한국에서 새로운 것이 가장 긴급하게 실험되는 최신의 무대가 되었다. 당시에도 이같은 성장이 다음 세기까지 무한정 지속될 것이며 그것이 당연하다고 생각하기는 어려웠다. 지금 시점에서는 좀 낯설게 들릴지 모르지만, 도시를 관리하는 입장에서나 도시에 거주하는 입장에서나 끝없는 성장은 기대치나 목표치라기보다 차라리 통제 불가능한 악몽에 가까웠다. 하지만 그 악몽이 — 말하자면 거의 4년마다 100만 명씩 새로 추가되는 인구를 처음부터 다시 '서울 사람'으로 만들고 이들을 수용할 수 있도록 도시를 재편하는 것이 — 지난 반 세기 동안 서울의 초기조건이었고, 그 압력과 밀도가 서울이라는 도시를 조형했다.

　　어떤 의미에서 우리는 그 악몽에 길들여지거나 또는 중독되었다. 결과적으로 서울의 인구는 1990년대에 1050만 명 선에서 안정되어 2000년대 이후 천천

히 하강하고 있으나, 당시 서울시는 인구가 계속 늘어
나서 2010년대에는 1200~1300만 명 선에 이르리라
고 예상했다. 언젠가는 인구가 줄어들고 도시의 자연
스러운 노화가 찾아오겠지만 그 규모와 속도는 좀 더
느리고 미약하리라 여겨졌다.[3] 하지만 서울은 언제나
모든 일이 예상보다 더 빠르고 거침없이 진행되는 곳
이다. 단 10년 사이에, 서울시는 인구 억제와 성장 억
제를 위한 규제책을 폐기하고 다시 사람들을 서울로
불러 모으기 위한 유인책을 고민해야 하는 입장에 처
했다.

　　언제부터인가 서울은 국가의 모든 자원과 인
력을 빨아들이는 유일한 중심도 아니고 압축적 성장
이 다시 성장의 원천이 되는 예외적인 특이점도 아니
게 되었다. 바깥으로는 국내외의 대도시들이 서울의
잠재적 경쟁자로 다가왔고, 도시 내에서는 사대문 바
깥에 형성된 새로운 서울, 한때 '영동 신도시'라 불리
던 강남 신시가지가 서울 구도심을 낡고 왜소해 보이
게 만들었다. 서울시가 2002년부터 뉴타운으로 대표
되는 도심 주거 환경 개선 사업과 청계천 복원을 중심
으로 하는 도심 활성화 사업을 밀어붙인 것은 바로 이
같은 문제 인식과 맞물려 있다. 주거 환경은 강남이나

3　　이건영, 『서울 21세기』, 한국경제신문사, 1995년, 171~191쪽
참조.

기타 신도시와 같은 수준으로 끌어올리되, 난개발로
훼손된 구도심의 역사, 문화, 자연을 되살려 강북 또
는 옛 서울의 차별화된 경쟁력을 확보하는 것. 이것이
2000년대 서울의 기본적인 "도시 재생" 전략이었다.[4]

하지만 새로운 것과 오래된 것, 미래와 과거의
조화를 꾀하려는 시도는 결코 대칭적으로 작동하지
않았다. 오히려 서울의 도시 재생은 그 자체로 20세기
의 거대한 유산과도 같은 도시 전역을 상상적인 미래
의 시점에서 존속시킬 만한 가치가 있는지 면밀하게
평가하고 편집하는 과정으로 나타났다. 청계천 고가
도로와 그 주변을 따라 형성된 영세 상공업 단지 전체
가 당장 철거해야 하는 구시대의 흉물로 선언된 2002
년에 남대문로 한국전력공사 사옥이 근대문화유산 등
록문화재 1호로 보호받게 된 것은 우연이 아니다. 서
울은 자신을 형성한 근대화의 시간을 지금 여기와 분
절된 시간의 저편으로 보기 좋게 역사화함으로써 그
다음 단계로 도약하고자 했다. 이러한 거리 두기는 과
거를 과거로서 연구하기 위한 전제 조건이기도 하지

---

4   『청계천 복원에 따른 도심부 발전 방안 대토론회』, 서울시정개
발연구원, 2003년; 『청계천 복원에 따른 도심부 발전 계획(안) – 제
2차 대토론회』, 서울시정개발연구원, 2004년; 김선웅 외, 『도심부
장기 구상 및 비전 수립 연구』, 서울시정개발연구원, 2007년; 이동
훈 외, 『도시 재생 사업의 공공성 확보를 위한 공적 기관의 역할에
관한 연구』, 서울시정개발연구원, 2010년 참조.

만, 과거를 '문화'와 '관광'의 관점에서 소비하기 위한
첫걸음이기도 했다.

결과적으로 서울에는 두 종류의 새로운 옛것이
출현했다. 하나는 보존하고 활용해야 하는 문화적 자
원으로서의 옛것으로, 여태껏 치욕스러운 수탈의 흔
적으로나 가시화되던 1920~40년대 일제강점기 건축
물들이 주로 이쪽에 들어갔다. 다른 하나는 해체하고
재개발해야 하는 폐기물로서의 옛것인데, 얼마 전까
지만 해도 진보의 상징으로 선전되던 1960~80년대
고도성장기 건축물들이 돌연히 이쪽으로 분류되었다.
물론 이것은 잠재적 가치 평가에 따른 임의적 구별일
뿐, 어떤 이들은 이른바 문화유산을 빨리 치워버려야
할 폐기물로 보았고, 또 어떤 이들은 이른바 폐기물을
값진 문화유산으로 보았으며, 또 다른 이들에게 문화
유산이니 폐기물이니 하는 것은 그저 매일을 살아가
는 일상의 현장에 불과했다. 하지만 옛것으로 분류된
건물들이 하나둘씩 관광지나 문화 공간으로 복원되거
나 또는 아예 헐리고 새 건물로 대체되면서, 남은 것들
은 자연스럽게 과거의 잔향을 덮어쓰고 정말로 옛것
이 되어갔다.

폐허 애호는 바로 이러한 시간의 전이 과정에
서 출현한다. 흔히 폐허 애호라고 하면 시간의 흐름을
비껴난 채 무심하게 방치된 옛것에서 해독 불가능한
과거의 흔적을 훑어내리는 것을 떠올리기 쉽다. 실제

로 이 시기에 일제강점기 근대성은 우리 내부에 잠들어 있던 낯설지만 이국적인 폐허로 재발견되었고, 일본 대중문화 개방과 화해의 분위기 속에서 잠깐이지만 대중문화의 새로운 자원으로 활용되기도 했다. 그렇지만 특별히 잘났거나 못난 것 없이 현재의 일부를 구성하던 너무 많은 것들이 삽시간에 과거로 밀려난 탓에, 폐허 애호는 어쩔 수 없이 종종 분열증적 감각을 수반했다. 현재의 시간에서 뜯겨나온 것들의 생생한 절단면이 지금 여기를 집어삼키면서, 관찰자가 과거를 향수할 수 있는 안전한 거리를 확보하지 못한 채로 폐허에 매혹되는 것이다. 그는 자신의 발아래가 뒤흔들리는 것을 촉각적으로 느끼지만 그와 동시에 마치 제3자가 된 것처럼 그 흔들림을 먼발치서 응시한다. 이 같은 폐허 애호는 특히 서울 구도심의 가까운 과거를 파헤쳐놓은 뉴타운 사업의 흥망성쇠와 맞물려 빈번하게 나타난다. 하지만 20세기라는 시간이 근본적으로 그렇게 먼 과거가 아닌 탓에, 서울에서의 폐허 애호는 언제 어디서든 발밑이 꺼지는 싱크홀과 마주칠 위험을 잠재하고 있다고 해도 과언이 아니다.

　　폐허 애호의 다양한 양상들이 혼성되어 나타나는 과도기적 사례로, 2000년대 후반에 통의동 보안여관이 복합 문화 공간으로 변용되는 과정을 살펴보자. 보안여관은 1936년 지어진 목조건물이라고 하는데, 여러 차례 덧대고 고쳐서 여관으로 사용하다가 2004

년 폐업했다. 재개발사업이 추진되었으나 여의치 않아 계속 방치되던 차에, 2006년 당시 김승호가 이끌던 쿤스트독 미술연구소에서 보안여관과 근처 주택들을 점거하고 9월부터 이듬해 2월까지 국제창작스튜디오 프로그램 '예술현장 통의동'을 운영했다. 버려진 빈집을 미술가들의 생활공간이자 작업 공간, 더 나아가 전시 공간으로 전유함으로써 공식적으로 기록되지 않는 일상과 지역의 역사성을 되살리고 기념하려는 시도로서, 예술현장 통의동은 두 차례의 전시로 관객들과 만나고 2007년 마무리되었다.[5]

　　여기서 보안여관의 폐허는 몇 가지 매력적인 이미지를 획득한다. 첫째, 그것은 앞서 지나간 사람들이 남겨놓은 연약한 허물, 고유한 시간의 흔적이 각인된 일종의 읽을 수 없는 책으로 여겨진다. 둘째, 그것은 정상적인 시공간의 질서로부터 박리된 이질적이고 불안정한 섬으로, 그렇기 때문에 서로 다른 영역들을 교차시키거나 가로지를 수 있는 일종의 타임머신이나 순간 이동 장치로 상상된다. 이처럼 무엇으로도 대체할 수 없는 특수한 장소인 동시에 어디로도 확장될 수 있는 특이한 공간으로서, 마지막으로 셋째, 폐허는 미술과 현실이 서로를 변성시킬 수 있는 희귀한 틈새

5　「통의동 보안여관 예술가 점거 사건」,『주간동아』, 578호, 2007년 3월 27일 자 기사 참조.

로 주목받는다. 그것은 흔치 않은 것, 개별적인 것, 연약하지만 구체적인 것으로서 모든 일반화와 추상화의 그물을 넘어선다고 여겨진다.

　　이후 보안여관은 2007년 일맥문화재단의 최성우에게 매입되어 복합 문화 공간으로 정비되었다. 최성우 역시 처음에는 건물을 신축할 생각이었으나, 낡고 삭아서 문자 그대로 부스러지는 이 건물의 어떤 유일무이한 가치에 매혹되어 애초의 계획을 변경하고 "이곳이 기억하고 있는 시간"을 최대한 보존하는 방향으로 "창의적 복원"을 추진했다. 특히 그는 이 건물의 촉각적 감각이나 알레고리적 의미만큼이나 구체적인 역사에 천착하여, 서정주, 이상, 이중섭 등의 근대 예술가들이 이곳을 지나갔음을 밝혀내고 문화적 거점으로서 보안여관의 정체성을 되살리는 데 주력했다.[6]

　　그러나 2009년 보안여관이 본격적인 전시장으로 개관할 무렵에는 이미 이곳의 폐허 같은 모습이 특별하고 희소한 것이 아니라 오히려 동시대의 서울과 공명하는 어떤 일반적 속성으로 받아들여지고 있었다. 이러한 변화는 같은 해 보안여관에서 열린 전시 『揮景: 휘경, 사라지는 풍경』(이하 '휘경')에서 잘 드러난다. 휘경동에 거주하거나 작업실을 내어 지내던

6　「80년 기억이 묵고 있는 통의동 보안여관에서 무슨 일이…」, 『주간조선』, 2173호, 2011년 9월 19일 자 기사 참조.

미술가 강지호, 권용주, 김주리, 김태균, 김형관, 신은경이 주축이 되어 함께 만든 이 전시는, '아름답고 경사스럽다'라는 의미의 '휘경(徽慶)'이 문자 그대로 "사라지는 풍경(揮景)"으로 변모해가는 과정을 기록하고 기념하려는 시도였다. 당시 휘경동 일대는 2006년 3차 뉴타운 지구로 선정되어 주민들이 퇴거하고 철거 후 재개발을 기다리던 중이었다. 작가들은 그동안 이 시공간에서 각자가 보고 느낀 것, 이웃에 살던 다른 주민들이 남기고 간 기억과 소망의 파편들을 한시적인 전시의 형태로나마 붙잡아놓고자 했다.[7]

　　이 전시에서 보안여관이나 휘경동은 고유하고 특수한 장소가 아니라 호환 가능한 폐허로 취급된다. 그것은 미래주의의 지연된 약속 아래 서울의 여기저기서 출현하는 보편적 풍경이다. 그렇다고 해서 미술가들이 이를 거대한 외부적 힘이 소박한 생활의 공간을 부수는 일방적 폭력으로 고발하고 있느냐 하면, 꼭 그렇지도 않다. 당시 전시작 중의 하나인 「어디 사시나요?」는 참여 작가들이 2008년부터 휘경동 주민들을 만나고 다니면서 이들이 꿈꾸는 집의 이미지들을 직접 그려보도록 한 것이다. 그런데 이들이 묘사하는 것은 앞으로 두고두고 그리워하게 될 과거의 집이

7　서준호, 「기획 의도」, 네오룩 아카이브, '20090927d / 揮景: 휘경, 사라지는 풍경展 @ 통의동 보안여관' 항목. https://neolook.com/archives/20090927d 참조.

아니라 어쨌든 그 집을 떠나야만 얻을 수 있는 미래의 집, 어떤 가상의 꿈 세계다. 하나의 동네가 통째로 철거되고 생활의 시간이 갑자기 절단되는 것은 물론 충격적이지만, 그것은 전적으로 강압적인 것도 아니고 서울의 지난 시간에 비추어 그렇게 새삼스러운 일도 아니다.

실제로 『휘경』의 참여 작가들 역시 재개발에 반대한다거나 철거를 막으려는 의도를 비추지는 않는다. 오히려 이들은 불현듯 자신의 생활공간 한복판에서 대면한 폐허의 풍경에 어떤 식으로든 빠져든다. 그렇지만 이 시점에서 폐허는 더 이상 미술가들이 개입할 수 있는 현실의 예외적인 틈새, 견고하게 굳어진 세상의 질서를 교란할 수 있는 잠재적인 진원지로 찬미되지 못한다. 오히려 미술가들은 지역 주민으로서 스스로 부서지고 새롭게 태어나는 현실의 자기 조형 능력에 매 순간 압도당하면서, 바로 그 광폭한 조형의 현장에 자신들의 불안정한 집, 작업실, 또는 활동 공간이 있었다는 사실과 직면해야 한다. 보안여관 전시는 이렇게 턱밑까지 차오르는 휘경동에서의 체험을 시공간의 거리를 두고 반추하려는 시도이기도 했을 것이다. 그러나 이미 폐허화된 전시 공간에서 다시 반향되는 폐허의 작업들은, 마주 보는 두 개의 거울처럼 관객을 폐허 앞에 세우고 그 안에 가둔다.

폐허를 빠져나오지 못하는, 거의 폐소공포를 불

러 일으키는 폐허의 폐쇄감은 권용주의 작업에서 가장 선연하게 나타난다. 「누구의 산 ─ 우리 정상에서 만나요」(2009)는 보안여관의 허름한 방 한 칸에 시멘트 가루를 쌓아놓고 물을 부어 백두산 또는 공사 현장의 풍경을 재현한 것이다. 이 시멘트 더미는 휘경동 인근에서 발견된 각종 백두산 이미지들과 ── 이것들은 대개 장식적인 또는 미약하나마 주술적인 용도로 거기 있었을 텐데 ── 콘크리트 건물들의 풍경, 생활의 단편 등을 보여주는 크고 작은 사진들로 에워싸인 채 관객을 맞이한다. 그것은 어떤 상승과 고양의 충동, 또는 말 그대로 산을 들어다 옮기는 악착같은 생활의 힘을 마치 자연의 힘처럼 숭고하게, 어쩌면 조금은 망연자실하게 그려낸다. 시멘트 블록을 아파트처럼 높이 쌓아올려 "똥 밭에 굴러도 이승이 낫다"라는 문장을 새겨 넣은 「누구의 기념비」(2009)도 마찬가지다. 그것은 현실과 대면하려는 굳은 의지를 표현하지만, 이 대면은 어디로도 전진하거나 또는 후퇴할 여지를 찾지 못한 채 다만 현실의 왜소한 거울상이 되어 단단하게 굳어져 있다.

애초에 빠글빠글한 집 장사 마을로 조성되었던 원래의 휘경동과 그 위로 불어닥쳤던 뉴타운 사업, 강북도 강남처럼 될 수 있다는 집단적 열광 속에 만들어진 도시의 구멍들, 그 속에 사람들이 남기고 간 생활의 잔해, 이 모든 것이 무엇을 의미하는가 하는 문제는

권용주
「누구의 산 – 우리 정상에서 만나요」
2009

2009년의 시점에서 아직 수수께끼로 남아 있었다. 적어도 『휘경』에서 미술가들은 불확정적인 에너지로 충만한 현실에 대한 관조적 위치를 고수한다. 그리고 여기서 발견되는 폐허의 풍경은 현실의 초현실성이 미술을 넘어서는 시간, 미술가를 둘러싼 환경이 미술가의 행위를 집어삼키는 새로운 시간의 서막을 알린다. 이 폐허는 아직 애호되기에는 너무 두려운 대상이다. 그러나 약한 동물이 포식자의 눈앞에서 얼어붙는 것은 스스로도 이해할 수 없는 상태에서 헤어나올 수 없다는 점에서 사랑과 유사한 데가 있다.

항산화제로서의
미술

도시 재생 사업이 어떤 식으로든 풍요와 번영을 지향한다고 할 때, 그것은 근본적인 수준에서 도시의 새로운 성장 동력을 찾고자 하는 경제적 관심에 의해 좌우된다. 지난 세기 서울을 형성했던 포드주의적 질서가 더 이상 유망하지 않다면, 서울은 어디에서 미래를 찾아야 하는가? 서울은 어떻게 일자리와 기회를 공급하고 구심력을 유지할 수 있을 것인가? 이는 서울뿐만 아니라 세계의 모든 대도시가 고민하는 질문이고, 모두가 답을 안다고 주장하지만 확실한 답은 불가능한 질문이기도 하다. 하물며 2008년 금융 위기의 여파로 뉴타운 사업에서 용산 재개발에 이르기까지 — 그리고 서울뿐만 아니라 미국의 오래된 도시들에서 중동과 중국의 신흥 대도시들에 이르기까지 — 지속적인 경제성장과 부동산 가치 상승을 전제하는 수익 추구형 민간 개발 사업들이 일제히 휘청거렸을 때는 더욱 그랬다. 아무도 미래로 향한 길을 장담할 수가 없었다.

　　역설적이지만 이러한 '답 없음'의 상태가 2000년대 후반 서울에 기이한 활기를 불어넣었다. 한편에

서 서울시는 리처드 플로리다의 창조 도시론을 바탕
으로 도시를 노동과 필요의 공간에서 창의와 향유의
공간으로 전환한다는 "창의문화도시 서울"과 "디자
인 서울"의 비전을 더욱 강력하게 추진했다. 하지만
다른 한편에서는 그런 미래의 조감도를 문자 그대로
불태우거나 뚫고 나오는— 2008년 2월의 숭례문과
2009년 1월의 용산 4구역의 남일당 건물, 또는 2009년
12월 이후 마포 지구단위계획구역의 두리반 건물 같
은—도시의 구멍들이 속속 생겨났다. 깜빡이는 재개
발의 가능성은 서울 전역을 불확실성 속에 빠뜨렸다.
강남과 강북을 막론하고 서울의 풍경은 아직 다 제거
되지 않은 과거의 잔상과 이미 반쯤은 헐벗은 현재의
파편들, 그리고 아직 무엇이라고 확정할 수 없으나 어
떻게든 돌이킬 수 없이 변모할 미래의 전망 사이에서
불안정하게 뒤흔들렸다.

　　여기서 미술은 공공의 이름으로 폐허를 수습하
고 도시를 정상화하는, 적어도 불확실한 시간을 부드
럽게 감싸는 역할을 요구받았다. 서울문화재단이 창
의문화도시 마스터플랜에 의거하여 2008년부터 시작
한 "아트팩토리" 사업을 잠시 살펴보자. 2009~2010
년에 신당창작아케이드(구 신당지하상가 점포), 금천
예술공장(구 인쇄공장), 서교예술실험센터(구 서교동
사무소), 성북예술창작센터(구 성북구보건소) 등으로
실현된 일련의 아트팩토리들은 기존의 공립 창작 공

간, 이를테면 2006년 서울시립미술관이 난지도 침출
수처리장 건물을 난지창작스튜디오로 개조한 것과는
조금 다른 접근을 취한다. 아트팩토리의 목적은 단순
히 젊은 미술가들을 지원하는 것이 아니라 도시 문제
를 해결하는 것이다. 그것은 "폐시설의 철거와 새로운
개발에서 유발되는 경제적 부담과 그것을 방치함에서
오는 환경적·사회적 부담을 최소화"하면서 "폐시설
과 예술인의 접목으로 야기되는 기이함에서 출발하는
도시의 새로운 가능성"을 기대하는 도시 재생 실험이
다. 다산쯔798 같은 해외 사례에 기대어, 아트팩토리
는 경제적 지원이 필요한 미술가들과 시대의 변화를
따라잡아야 하는 도시 상공업자들, 거기다 더 나은 삶
의 질을 요구하는 일반 시민들까지 두루 만족시킬 수
있는 일석삼조의 사업으로 상상된다.[8]

　　미술을 쇠락한 구도심에 개입시키는 것만으로
지역 재생, 문화 생산, 새로운 경제적 순환이 일어날
수 있다는 말은 너무 훌륭해서 쉽게 믿기 어렵다. 그것
은 삶과 예술이 합일되어야 한다는 오랜 유토피아적
비전과도 부합하고, 문화 예술이 사회의 특별한 외부
로서 유리되거나 보호받는 것이 아니라 사회의 건전
한 일원으로서 경제적으로 자립하고 공동체에 기여해

8　　김효정, 「아트팩토리 사업의 도시 정책적 의미」, 『창작 공간 조
성을 위한 정책 세미나: 아트팩토리, 어떻게 할 것인가』, 서울문화
재단, 2008년, 20쪽.

야 한다는 '컬처노믹스' 또는 '창조 경제'의 새로운 패러다임과도 잘 어울린다. 하지만 현실적으로 생각했을 때, 당시 상황에서 미술의 실제적 효용은 도시 내에서 용도를 잃고 방치된 빈 공간들을 — 그대로 내버려두면 폐허가 되어 안 그래도 불확실한 미래의 전망을 좀먹을 잠재적 구멍들을 — 값싸고 보기 좋게 틀어막을 수 있었다는 것이다. 여기서 미술은 불량 주택지에 그려진 벽화처럼 오로지 소망으로, 너무 많은 소망적 사고로 충전되어 있다.

이 시기 미술은 작업이나 전시와 같은 구체적인 실체로서 작용하기 이전에, 하나의 관념으로서 꿈의 스크린이 되어 불안정한 도시의 공백을 덮는다. 이는 당시 서울에서 가장 유명한 폐허였던 소격동 구 기무사 건물의 2009년 프로그램에서 극적으로 나타난다. 1933년 경성의전 외래진료소로 준공된 이 건물은 그동안 국군기무사령부가 사용하다가 2008년 11월 이전하면서 기존 용도를 상실하고 2009년 1월 국립현대미술관 부지로 낙찰되었다. 그러나 근대문화유산으로 등록된 구 기무사 건물의 보존 문제, 이 건물 이전에 존재했던 조선시대 유적의 복원 문제, 국립현대미술관의 민영화와 특수법인화 문제에 이르기까지 서로 다른 목소리가 팽팽하게 대립하여 2009년 당시로서는 사업의 진행 속도나 방향을 가늠할 길이 없었다. 이런 상황에서 구 기무사 건물은 반년 가까이 방치되었다가 2009년 7월에 신진 미술가와 컬렉터의 미술 시장 진입을 유도하는 『아시아프(ASYAAF)』(아시아 대학생 청년작가 미술축제), 9월에 아트선재센터의 연례 기획 전시 『플랫폼』, 10월에 국립현대미술관의 첫 기획 전시 『신호탄』, 12월에 건축대전과 젊은 건축가상 등의 건축 전시를 총망라한 『대한민국 건축문화제』를 차례로 받게 된다.

이것은 하나의 일관된 비전을 따르는 것이 아니라 서로 충돌하는 제한된 조건과 이해관계 속에서 실현 가능한 것 위주로 구성된 임시방편의 프로그램이겠지만, 오히려 그렇기 때문에 당시 구 기무사 건물을 둘러싼 다양한 기류들을 가감없이 보여준다. 내용물이 비워지고 마감재가 반쯤 벗겨진 채로 거기서 더 철거될지 아니면 보전될지 알 수도 없는 건물에서 아무도 계획하지 않은 군무가 돌아간다. 맨 처음 미술 시장이 빈 공간을 차지하고, 그 다음에 동시대 미술이 폐허가 된 역사적 건물의 불투명한 에너지를 전유하며, 그 다음에 미술관이 건물의 역사를 받으면서 미술의 역사를 덧씌우는 작업을 수행하고, 마지막으로 건축이 도시를 재생하고 갱신하는 고유한 힘을 과시한다. 여기서 가시화되는 것은 도시와 미술의 맥락 속에서 움직이는 서로 다른 제도들이다. 이들은 상호 협력적인 만큼이나 경쟁적이다. 팽팽하게 서로를 견제하는 가운데, 이들은 각기 조금씩 다른 미래의 비전을 이 오래된 건물에 드리우면서 암묵적으로 미래에 대한 주도권을 주장한다.

결과적으로 전체의 풍경은 도시를 움직이는 미술 또는 더 넓은 의미에서 '문화 예술'의 저력을 보여주는 듯하다. 당시 용도 폐기된 건물들의 미술적 재활용 사례들을 망라한 한 잡지의 특집 기사는 이렇게 쓴다. "죽어가던 공간마저 되살려놓다니, 예술은 얼마나 영검한 생명수인지."[9] 하지만 여기서 미술과 미술 제도와 미술가의 위상차는 국가와 정부와 공무원의 위상차만큼이나 광범위하게 벌어진다. 미술은 다분히 상상적인 이상으로서, 서로 다른 소망을 비추는 거울로서 담론 내에 자리 잡고, 미술 제도는 이 거울을 움직이며 다른 제도와 협상할 수 있는 힘을 얻는다. 하지만 미술가들이 하는 일 — 할 수 있는 일과 해야 하는 일 — 은 그와 조금 별개로 규정된다. 한편에서 미술가들은 상상적인 '미술'의 대리인이자 창의의 화신으로, 적은 비용으로도 뭐든 할 수 있는 만능의 존재로 호언된다. 하지만 다른 한편에서 미술가들은 자립에 어려움을 겪는 선별적 복지 대상자로서 (예술인복지법이 재정된 것이 2011년이다) 정부 지원에 부응하는 구체적인 성과를 내고 사회에 대한 의무를 이행할 수 있는

---

9   「수리수리 미술이」, 『W Korea』, 2010년 1월호. http://www.wkorea.com/content/view_02.asp?menu_id=06040100&c_idx=010907010000159 참조.

최소한의 유능함을 요구받는다.

　　여기서 미술가의 위치는 실로 문제적인 것이 된
다. 미술가는 무엇을 하는 사람이고, 다른 사람들과 어
떻게 다르며—또는 같으며—어떻게 함으로써 미술
가가 되는가? 다시 말해서 미술가의 위치는 어떤 제도
적 맥락 내에서 어떻게 정의되는가? 이 시기에 정책이
요구하는 미술가의 이미지는 도시 재생과 주민 복지
업무를 아웃소싱할 수 있는 일종의 비정규직 공무원
또는 공공 근로 종사자에 한없이 가까워진다. 그러나
도시의 주민이자 대개는 부동산을 소유하지 않은 임
차인으로서, 미술가들은 발아래로 덜컹거리는 도시의
공백들과 접촉하고 머리 위로 장밋빛 또는 황금빛 '미
술'이 어른거리는 것을 바라보며 어쩔 수 없이 자신의
위치와 자신이 하는 일에 대해 근본적으로 다시 생각
해야만 한다.

　　이 과정에서 일부는 사회 내에서 미술가의 위치
를 저 너머의 '미술'과 괴리된 무급 노동자 또는 무가
치한 노동자로 인식하고, 이러한 상황을 개선할 수 있
는 방안을 모색한다. 2012년 노동절 총파업 퍼레이드
의 일환으로 조직된 미술-디자인 라운드테이블 '상상
력에 밥을'이나, 이를 바탕으로 2013년 미술생산자모
임이 결성되어 미술가의 노동과 아티스트피(전시 참
가비) 문제를 공론화한 것, 2014년 미술가 홍태림의
문제 제기로 미술 분야 표준 계약서 개발이 추진된 것

등이 모두 여기에 해당한다.

또 일부는 지역사회의 일원이라는 의식을 가지고 자신들이 활동할 수 있는 환경을 만드는 데 적극적으로 관여한다. 2009~2011년 음악가들이 홍대앞 두리반 점거 농성에 동참하게 된 것을 계기로 매년 노동절마다 '51+' 페스티벌을 조직하고, 그 연장선에서 2011년 자립음악생산조합을 결성하여 자체적으로 최소한의 제도 구축을 시도했던 것이 아마도 가장 대표적이고 또 유명한 사례일 것이다. 2013년 신촌의 자발적인 지역 재생 가능성을 논의하는 '신촌재생포럼'이 결성되고 이를 바탕으로 2014년 '전환도시: 해킹 더 시티' 페스티벌이 조직된 것이나,[10] 2014년 홍대앞에서 유사한 성격의 '홍대앞 연구네트워크'가 결성되어 지역을 좀 더 폭넓은 관점에서 이해하고 정책 연구에 능동적으로 참여하려는 시도가 개진되는 것도 같은 맥락에서 이해할 수 있다.[11]

이런 것들은 모두 장기적으로 폐허를 벗어나는

10 이 페스티벌에 관해서는, '전환도시-신촌' 웹사이트, http://www.transitioncity.kr/와 '전환도시: 해킹더시티' 웹사이트, http://transitioncity.wix.com/festival, 또한 리슨투더시티가 기획한 동명의 포럼 자료집 『전환도시: 해킹더시티』, 자가출판, 2014년 참조.

11 이들의 활동에 관해서는, 홍대앞 연구네트워크, 『홍대 앞 문화 예술 생태계 활성화를 위한 정책 과제 연구』, 서교예술실험센터, 2015년 참조.

길을 찾으려는 시도다. 하지만 이들은 모두 폐허 안에서, 폐허의 바깥이 잘 보이지도 상상되지도 않는 곳에서 더듬더듬 모색되는 행위이기도 하다. 폐허는 지금 여기의 시간을 뒤흔들고 시야를 교란하면서 우리를 가둔다. 거기에는 온갖 것들이 어른거리지만, 실상 그것은 마법의 거울이 아니라 차라리 과거와 미래를 비추던 시간의 거울이 깨어진 결과에 가깝다. 그 속에서 다시 헤쳐나갈 길을 찾는 것, 발을 디디고 머리를 향할 곳을 찾는 것은 언제나 한치 앞도 내다볼 수 없는 모험과 같다. 많은 것이 부서지고 깨어져나가는 만큼 그보다 더 많은 것들이 더 거대한 규모로 입안되고 착공되던, 서로 다른 시간의 가능성들이 개업 축하용 공기 인형처럼 흔들거리던 2010년 전후에는 더욱 그랬다.

폐허에서 사는 법: 간판, 깃발, 인터넷, 드로잉

통의동 보안여관에 휘경동의 기억이 투영되던 2009년 가을, 옥인동 옥인아파트는 이제 막 철거가 진행되고 있었다. 당시 2년째 옥인아파트에 거주하던 미술가 김화용이 동료 작가들과 함께 아파트에 남은 주민들을 초대하여 「옥인동 바캉스」를 진행한 지 얼마 지나지도 않은 때였다. 옥인동 계곡을 복원하기 위해 아파트 철거가 결정된 이후, 세입자 보상을 둘러싼 소송은 아직도 끝나지 않고 있었다. 옥인 콜렉티브는 이처럼 남은 시간을 예측할 수 없는 옥인아파트를 함께 지켜보고 고민하는 과정에서 자연스럽게 형성되어, 1년 가까이 옥인아파트를 근거지로 활동하다가 2010년 여름 그곳을 떠났다.

폐허로 남은 옥인아파트를 떠나면, 더 나중에 옥인아파트의 마지막 잔해까지 깨끗이 치워지고 나면, 옥인 콜렉티브는 무엇을 할 수 있으며 또 무엇이 될 수 있는가? 2010년 가을 한남동 테이크아웃드로잉에서 열린 옥인 콜렉티브의 전시 『콘크리트 아일랜

드』는 바로 이 질문을 둘러싸고 구성된다. 옥인아파트
에서 옮겨온 기물들이 전시 공간 겸 레지던시 공간을
점거한 풍경은 분명 지나온 공간을 보존하려는 욕구
를 보여준다. 하지만 물리적 실체로서의 옥인아파트
는 무겁고 견고하기 때문에 허약하다. 그것은 도망치
지도 옮겨지지도 못하고 맥없이 부서진다. "꼭 간직하
고 싶다고 생각했던 (…) 조그마한 아파트 현판은 몇
초 만에 가루가 되어버렸다."[12] 옮길 수 있는 것은 더
가벼운 것들, 또는 더 추상적인 것들이다. 옥인 콜렉티
브는 옥인아파트를 떠나면서 '옥인'을 가져온다.

　　그것은 이를테면 깃발이다. 테이크아웃드로잉
옥상에 설치된 망루와 옥인 깃발은 아무것도 주장하
지 않는다. 망루에는 아무런 구호도 나부끼지 않고, 옥
인 깃발은 "단체 고유의 상징적 의미를 표상하지 않는
그저 '여기 있음'의 '신호'"만을 보낼 뿐이다.[13] 하지만
망루와 깃발은 그 존재만으로 철거와 재개발을 둘러
싼 각자의 기억을 불러일으킨다.[14] 그리고 옥인 깃발의
노란색 동그라미와 자홍색 동그라미에는 그 자체로
옥인아파트의 기억이 담겨 있다. 그것은 맨 처음 「옥
인동 바캉스」를 기획하고 초대장을 만들 때, 큐레이터
최빛나가 디자인한 '옥인아파트 프로젝트' 스티커를

12　김화용, 「연약한 그들의 망명 이야기」, 『옥인 콜렉티브』, 워크
　　룸 프레스, 2012년, 159쪽.
13　「콘크리트 아일랜드, 2010.9.1~9.30」, 위의 책, 194쪽.

보고 진시우가 더 화사한 색깔이 좋겠다며 즉석에서
만든 GIF 포맷의 색상 견본이다.[15] 결과적으로 스티커
는 노란색 바탕에 자홍색 글자로 화사하게 인쇄되었
고, 옥인아파트 여기저기에 붙여졌으며, 대부분 철거
와 함께 부서지고 버려졌다. 하지만 그 색깔은 시차를
두고 깃발로 변형되어 애써 가시화해야 하는 어떤 '옥
인'의 존재를 드러낸다.

　　사실 옥인 콜렉티브는 그 이전에도 깃발을 만
든 적이 있었다. 그것은 '망명 신청~'이라고 손글씨로
크게 적고 어디론가 떠나는 작은 차를 구석에 그려 넣
은 후줄근한 백기였다. 2009년 겨울에 철거 용역들이
아파트 안의 기물을 바깥으로 떨어뜨리고 유리를 깨
면서 내는 파열음을 견디다 못한 김화용이 아파트 안
에 남은 유리 물건들을 모아 도망치면서 급조한 것이
다. 그것은 연약한 항복의 신호로서, 그렇지만 여기 무

14　이를테면 내가 본 최초의 망루는 1996년 부산 해운대의 한 아파
트 부지에 서 있던 것이다. 부모님이 그 동네로 이주할 무렵에는 원
래 거기 살던 사람의 흔적이 모두 사라진 다음이어서, 망루에는 그
존재의 목적을 추측해볼 만한 아무것도 남아 있지 않았다. 주변에는
착공을 기다리는 빈 땅이 지천이었다. 어디선가 나타난 사람들이 그
땅에 포장마차를 세우거나 밭을 일구고 농사를 지었고, 시간이 더
지나자 그 자리에 아파트나 상가 건물이 들어섰다. 해운대가 '부산
의 강남'이라는 소리를 듣기 시작한 것은 그 이후의 일이다.
15　'옥인 아파트 프로젝트' 블로그. http://okinapt.blogspot.
kr/2009/08/blog-post_9367.html 참조.

언가 있다는 것을 알리는 끈질긴 흔적으로서 서울 시내를 가로지르다 얼마 못 가 경찰의 제지를 받는다.[16] 결국 옥인 콜렉티브는 옥인아파트라는 강력한 가시적 대상으로부터 멀어질 때마다 깃발을 만든 셈인데, 그것은 옥인아파트라는 수수께끼 같은 거대한 '여기 있음'을 대체하는 작은 물질이자 상징적 표식으로서 옥인 콜렉티브의 길고 구불구불한 여정을 함께한다.

　　옥인 콜렉티브는 정주하지 못하고 정주하려 들지도 않는다. 낭만적인 또는 무시무시한 유목민보다 차라리 유목 또는 난민에 가까운 태도로, 이들은 '옥인'의 존재를 알리고 옥인아파트 바깥에 존재하는 다른 '옥인'들을 만나면서 함께 이야기하고 '작전'을 세우고 '연습'을 한다. 그저 허우적거리거나 또는 그물을 만드는, 어쩌면 안전망을 꿈꾸는 이 무수한 시행착오와 접속의 과정에서 인터넷은 중요한 도구다. 옥인 콜렉티브는 2009년 '옥인아파트 프로젝트'를 진행할 때부터 이메일과 블로그로 소식을 알렸고, 2010년 『콘크리트 아일랜드』 때부터는 '스튜디오 +82'라는 인터넷 라디오 방송국을 개설하여 대화와 학습, 또는 그저 즐거움의 회합을 만들어왔다. 옥인 라디오는 옥인 콜렉티브가 일시적으로 머무는 장소들과 그곳에서 만나는 사람들을 또 다른 장소들과 사람들에게 연결하면

16　김화용, 앞의 글, 158~159쪽 참조.

서 '옥인'을 작은 송신국으로 바꾸어놓는다. 그것은 단순히 자기 존재를 알리는 신호를 보내는 데 그치지 않고, 다른 '옥인'들을 식별하고 그들과의 잠재적 접속을 활성화하는 능동적인 작용의 단위가 된다.

그리고 이렇게 '옥인'을 재발명하는 과정에는 의외의, 아주 오래된 매체가 징검다리 역할을 한다. 작가들은 『콘크리트 아일랜드』를 준비하는 과정에서 여러 장의 드로잉을 그렸다. 그것은 추상화의 매체이자 일종의 도면 또는 시뮬레이션의 매체로서, 옥인아파트가 '옥인'으로 나아가는 궤적을 예비한다. 진시우의 「인터넷 라디오 방송국 '스튜디오 +82'를 위한 드로잉」(2010)은 제목 그대로 옥인 라디오 방송국의 회로도를 그린 것이다. 이정민의 「섬 – 완벽한 삼각형을 찾아서」(2010)는 그보다 추상적인 수준에서 '옥인' 내부의 네트워크 또는 수많은 '옥인'들의 네트워크를 종이 위에 그려본 결과다. 작가는 사인펜으로 작은 삼각형들을 가득 그려 넣은 드로잉에 다음과 같은 말을 덧붙인다.

한 평면상에 있고 일직선상에는 없는 3개의 점. 3개의 점을 2개씩 쌍으로 해서 선분을 연결한다. 세 개의 변과 세 개의 꼭지점, 세 개의 내각. 우리는 한 평면상에 있고 일직선상에 없다. 이제 필요한 것은 다만 선(線)이다. 손으로 그린

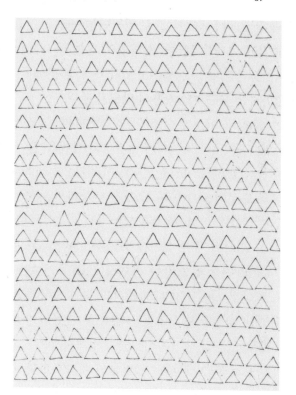

이정민
「섬 – 완벽한 삼각형을 찾아서」
2010

삼각형은 이것도 저것도 만족스럽지 않다. 그래
서 계속 그리게 된다. 끊임없는 연결을 시도한
다. 삼각형은 섬이 된다.[17]

다른 시간의 가능성이 종이 위에서 펼쳐지고 또 버
려진다. 그것은 연습의 무대다. 그리고 이 연습은 실
제 공간에서, 길 위에서, 또 다른 네트워킹의 매체들
을 통해서 실행되고 다시 반복될 것이다. '옥인'은 이
런 연습의 이름이다. 작가들은 언제나 '옥인'에서 '옥
인'으로 움직이며 그 궤적에 기대어 쉰다. 하지만 그
것은 어쩔 수 없이 고단한 생활이다. 혹자는 이 여정
에서 어디에도 닻을 내리지 못하고 영원히 폭풍우 치
는 바다를 떠돈다는 저주받은 유령선 '방황하는 네덜
란드인' 전설을 떠올릴 수도 있을 것이다. 리하르트 바
그너는 오페라 「방황하는 네덜란드인(*Der Fliegende
Holländer*)」(1843)에서 헌신적인 사랑과 희생만이 끝
없는 방랑의 저주를 푸는 열쇠라고 노래한다. 그러나
죽음으로 고귀한 사랑을 증명하는 구원적 여성과 그
에 의해 구원받는─아마도 수백 년 전 대항해시대부
터 방랑하고 있을─유령선 선장을 나란히 놓고 봤을
때, '옥인'은 차라리 구원을 강요받으며 바닷속으로 떠
밀려간 수많은 희생양들의 이름에 가까울 것이다. 옥

17 이정민, 「섬─완벽한 삼각형을 찾아서」, 위의 책, 200쪽.

인 콜렉티브는 그런 저주의 시간을 떠돈다.

　　만연하는 폐허의 틈새에서 살아가는 다른 방법
은, 다른 시간의 여지는 없을까? 옥인 콜렉티브가 옥
인아파트를 떠나던 2010년 여름, 박길종은 같은 학교
를 다니던 김청진, 김보경, 송대영과 함께 이태원에
'킷토스트'라는 작업실 겸 상점을 차리고 일상에 필요
한 집기나 매우 유용해 보이지는 않는 작은 사물들을
만들고 있었다. 킷토스트는 얼마 안 되지만 다양한 형
태로 습득한 지식과 기술, 자원을 적당히 변형하고 가
공하면서 그때그때 주어진 상황에 대처하려 했는데,
이 같은 접근법은 당시 작업실 간판에서도 단적으로
드러난다. 킷토스트 공간을 지키는 '킷토스트'라는 어
두운 녹색 간판과 유리창에 시트지로 표시된 '토스트'
라는 글자들은 원래 그 자리에 있었던 토스트 가게에
서 비롯된 것이다. 여기서 현재의 행위는 과거로부터
흘러온 것들과 그럭저럭 공생하고, "미술 학원과 학
교"에서 배운 것들은 "사회에 나와서" 배운 것들과 자
연스럽게 뒤섞인다. 그것은 미술 또는 현실에 대한 대
항의 산물이 아니라 말 그대로 기댈 곳이 없는 세계에
서 일상을 영위할 수 있는 작은 "울타리"를 만들어나
간 결과다.[18]

　　박길종은 이 울타리 안에서 1년 정도 머무르다

18 「킷토스트」, 『그래픽』, 17호, 2011년, 118~120쪽.

가 그해 겨울에 일종의 분가를 하게 된다. 작가의 말에
따르면, 어쩌다가 얻게 된 개인 홈페이지 공간을 어떻
게 채울까 생각하다가 처음 '길종상가'라는 이름을 떠
올리게 되었다고 한다. 여태까지 벌여온 활동들이 일
반적인 작가 포트폴리오 형태에는 맞지 않았지만 그
렇다고 전형적인 쇼핑몰 형태에도 들어맞지 않았기
때문에, 잡다하고 이질적인 여러 가지를 망라할 수 있
는 하나의 우산으로 일단 '길종상가'라는 개념을 만들
었다는 것이다. 이 같은 상가의 은유 아래, 작가의 다
양한 활동들은 '한다 목공소', '밝다 조명', '판다 화랑',
'간다 인력사무소', '살다 노인정', '있다 만물상', '걷다
사진관' 등의 상점으로 분류되었다.[19]

　　그러므로 이때 박길종이 그린 「상가 조감도」 드
로잉 연작은 일종의 확장된 작가 자화상이라고 이해
해도 좋을 것이다. 서울의 랜드마크가 되는 오래된 건
물들을 기억과 상상에 의존해서 쓱쓱 그리고 '길종상
가'라는 간판을 덧붙이는 「상가 조감도」는, 고속터미
널상가, 낙원상가, 신세계백화점, 진양상가, 해밀톤쇼
핑센타 같은 이름 그대로의 상가 건물부터 하얏트호
텔, 한국은행, 63빌딩 같은 크고 높고 화려한 건물들
에 이르기까지 다양하게 분포한다. 그것은 어린아이

19 「길종상가 소개」, 『길종상가 2011』, 미디어버스, 2012년,
21~22쪽 참조.

같은 꿈과 희망을 표출하다가도 ("63빌딩만큼 높은
길종상가") 과거의 미래주의를 물끄러미 복기하면서
("낙원상가처럼 상가 사이로 차가 다니고 극장도 아파
트도 있는 복합 문화 공간을 표방하는 길종상가") 다
시 현재 상황을 스쳐 지난다 ("한국은행처럼 현금을
보유할지도 모르는 길종상가").[20]

　　때로 이 그림들은 거대 변신 로봇의 이미지를
연상시킨다. 말하자면 박길종은 길종상가가 됨으로써
서울을 이루는 거대한 건물들이 되고, 서울 자체가 되
며, 그것을 소유하고 움직일 수 있는 조종간을 잡는다.
그것은 20세기 소년의 꿈이다. 하지만 거꾸로 생각하
면 이것은 서울 안에서나 어떤 제도 내에서 자신의 온
당한 자리를 찾지 못한 21세기의 청년이 스스로 하나
의 장소가 되고 거처가 되는 꿈을 꾸는 것이기도 하다.
이 앙상한 장소는 맨 처음 각각의 상점 또는 상품들,
다시 말해 그가 만든 가구와 조명, 사진과 그림, 그가
가진 인력과 중고물품들의 카탈로그로 채워지지만,
시간이 가면서 차츰 김윤하, 류혜욱, 송대영 등의 다른
'상점주'들이 드나들게 되고, 2012년에는 '길종상가'

20　길종상가 웹사이트. http://bellroad.1px.kr/2564 참조. 이 같
은 접근은 거의 같은 시기에 길종상가를 다양한 건물 형태로 그려서
나눠주는 「길종상가 명함」으로 확대되었다. 이 '명함'은 총 100매까
지 제작되었으며, 지금은 길종상가 웹사이트에서 그 내용을 확인할
수 있다. http://bellroad.1px.kr/2769 참조.

라는 번듯한 간판을 단 실제 공간이 된다.

　　그러나 다시 한 번, 물리적 공간은 무겁고 견고하기 때문에 허약하다. 또는 너무 많은 대가를 요구한다. 건물주가 아닌 박길종의 길종상가 오프라인 상점은 거의 1년 단위로 이사와 휴업을 반복한 끝에 2015년 현재에는 길종상가 웹사이트와 메일, 전화로만 문을 열어놓고 있다(물론 작업실은 있다). 서울에서 살아가고 활동하는 사람들에게 — 반드시 미술 종사자가 아니라고 하더라도 — 번듯한 물리적 공간, 가시적 거점, 또는 그저 '집'을 유지하는 일은 꿈과 현실의 아슬아슬한 경계에 걸쳐 있다. 그것은 너무나 기본적인 자원으로서 갈망의 대상이 되고, 그럼으로써 종종 한 사람의 삶과 그가 쓸 수 있는 모든 자원을 집어삼킨다.

　　박길종은 이러한 시공간의 중력에 정면으로 대항하기보다 언제나 가변적으로 대처하는 편을 택해왔다. 길종상가는 하나의 '집'인 동시에 여전히 개념적 우산으로, 말하자면 접었다 폈다 할 수 있는 집이다. 비를 맞는 것은 싫으니까 일단 지붕이 있지만, 상황이 여의치 않으면 뼈대만 남아 있을 수도 있고, 기둥이 없으면 근처 전신주에 적당히 동여매어 놓을 수도 있다. 그리고 그 속에 놓일 수 있는 물건들과 사람들, 공간을 형성하고 점유할 수 있는 몸체들이 있다. 그와 같은 집을 상상해보자. 이 집을 아주 작게 축소하면 길종상가 로고가 박힌 하얀색 깃발이 된다.

첫 번째 오프라인 상점을 준비하던 2011년 겨울, 길종상가 사람들은 이웃 동료들과 함께 1주년 기념행사로 길종상가 깃발을 들고 관악산에 올랐다. 언뜻 보면 새로 개업하는 상점의 홍보 활동 같기도 하고 상가 번영회의 주말 야유회 같기도 하며 눈치 없는 사장님의 일요 등산 모임 같기도 하지만 실은 그냥 가을 소풍이었던 이 행사에서, 깃발은 작은 구심점이 된다. 그냥 들고 다닐 수도 있고, 어딘가에 꽂을 수도 있으며, 여차하면 깔고 앉거나 몸에 둘러서 추위를 막을 수도 있다. 그것은 작은 등불처럼 바람에 일렁이면서 사람들을 모으고 미약하나마 온기를 나눠주며 여기 없는 무언가를 불러낸다.[21]

그리고 이 집을 아주 크고 그럴듯하게 만든다면 어떤 모습이 될까. 2013년 봄 대림미술관 구슬모아당구장에서 열린 길종상가의 첫 단독전 『네(내) 편한 세상』은 바로 이 질문에 답한다. 그것은 어쨌거나 집이 아니라 집의 이미지들이 걸쳐진 곳, 일종의 모델하우스로 나타난다. 그것은 낙원에서 낙원으로 건너가는 집의 변신술을 상연한다. 길종상가의 로고와 대림산업의 아파트 브랜드 '이 편한 세상'의 로고를 분해하여 뒤섞어놓은 것 같은 전시 포스터에서도 드러나듯이,

---

21 「1주년 기념행사: 관악산 가기」, 『길종상가 2011』, 104~107쪽 참조.

길종상가
「네(내) 편한 세상」
2013
전시 설치 중 일부

변신의 한편에는 중산층의 실락원으로서 아파트가 있
다. 보통 사람을 위한 좋은 집을 짓는다는 '이 편한 세
상' 브랜드는 애초부터 아파트가 월급을 모아 분양받
는 '국민의 집'이었던 지난 세기의 이미지를 빌려온 것
이었다. 아파트가 허물어진 곳, 또는 더 정확히 말해서
아직 서울의 아파트를 소유하지 않은 사람이라면 더
이상 서울의 아파트를 소유할 기회도 그럴 이유도 거
의 남지 않은 2010년대의 시점에서, 아파트는 '이 편
한 세상' 로고 모양의 반짝이는 탁자로 변신하여 부재
의 흔적으로만 제 모습을 드러낸다.

　　　그리고 변신의 다른 한편에는 열대 낙원의 이미
지가 있다. 그것은 막연히 지금 여기의 까마득한 저편
처럼 여겨지지만, 우리가 아는 열대 낙원의 이미지는
구체적인 과거로부터, 가장 직접적으로는 1979년 개
장한 창녕의 부곡 하와이나 그보다 먼저 1966년 개장
한 후쿠시마의 조반 하와이언 센터로부터 유래한 것
이다. 산업화의 과정에서 만들어진 도시의 탈출구로
서, 상상적인 열대의 풍광은 평일의 도시를 보충하는
휴일의 유원지에 이국적인 얼굴을 부여했다. 길종상
가는 이 같은 열대 낙원의 이미지로 주거 공간의 쇼룸
을 구성한다. 하지만 애초에 당구장이었던 낡은 건물
의 내장을 벗겨내고 그 흔적을 일부 남겨서 전시 공간
으로 변신시킨 곳에서, 녹색 잎사귀와 알록달록한 가
짜 과일들, 수초를 띄운 비닐 풀장과 부드러운 해먹으

로 장식된 공간은 아늑한 집으로 완성되기보다 차라
리 그와 같은 꿈의 비현실성을 노출하고 만다.

밝은 색깔로 페인트칠한 각목과 합판으로 만
든 가구들, 작은 집과 용달차 모양의 장난감들, 시멘트
바닥을 가리는 빛바랜 카페트는 방에서 방으로 전전
하는 생활, 실내와 실외, 주거 공간과 상업 공간이 불
편하리만치 가깝게 병치되고 온갖 소리와 냄새가 상
호 침투하는 도시의 공간적 혼란상을 가리고 또 드러
낸다. 그 사이에서 전시장의 빈 공간을 채우는 진짜 또
는 가짜 식물들은 생활의 부서진 틈새에서 번져나가
는 폐허의 녹색처럼, 또는 시간의 풍화 속에서 빛바랜
플라스틱 조화처럼 오래된 인공 낙원의 기억으로 관
객을 이끈다. 어쩌면 길종상가 역시 그러한 방식으로
서울의 틈새에 힘껏 꽂혀 있다. 뿌리를 내릴 수 있을지
없을지 스스로도 알지 못하는 채로. 그리고 그런 알 수
없음의 시간 속에서, 길종상가는 언제나 꿈과 현실 또
는 이미지와 실제의 간극을 열어 여기 없는 '집'을 불
러내는 어떤 종류의 연극을 해낸다. 그것은 한편으로
바람을 막는 울타리이자 그 너머를 보여주는 구름판
으로서 단단하게 만져지지만, 다른 한편으로 언제나
신기루처럼 저기 먼 곳에서 어른거린다.

폐허와 폐허를 잇는 작은 방송국이 되어 떠돌
거나, 폐허와 폐허의 사이에서 작은 작업장 또는 극장
을 가설하는 것. 이를테면 이런 것들이 2000년대가 남

긴 폐허에 대처하는 방법이었다고 하자. 그것은 미술사 또는 미술 제도를 배경으로 작동하는 그림자극이 아니라 당대의 도시와 겹쳐놓아야만 온전하게 보이는 풍경이다. 더 정확히 말하자면 이런 접근은 어떤 특정한 폐허의 기억이 전제될 때에만 비로소 설득력 있는 풍경이 된다. 그러나 모든 것이 얼음처럼 또는 콘크리트처럼 쉽게 깨어지고 휘발하는 우리의 도시에서 기억은 거의 축적되거나 전파되지 못한다. 기억의 부재 속에서, 폐허는 응당 읽을 수 없기에 누구도 크게 괴롭히지 않는 아련한 공허로, 그저 어디서 본 것 같은 또 하나의 권태로운 스타일로 무기력하게 재생산된다. 그리고 이 같은 폐허의 경험은 다시 기억의 불가능성으로 되먹임된다. 공통적인 시간의 흐름에서 절단된 것 같은 폐허 특유의 고립된 시간성이 도시의 일반적인 상태로 자리잡으면서, 기억 산업과 기억의 전쟁이 곰팡이처럼 번성한다. 하지만 그것은 기억의 구멍을 막을 수 없다는 불길한 신호를 되려 증폭할 뿐이다.

2장
가장 희미한 해

지나간 시간의 기억은 일종의 꿈 또는 유령과 같다. 그
것은 그 꿈에 사로잡힌 사람들을 그렇지 않은 사람들
과 단절시킨다. 현재 안에 그 기억이 놓일 장소가 부재
하다면 더욱 그렇다. 지금 여기에 과거를 기억할 자리
를 만들고 그것을 살아 있게 하려면 정교한 제의와 사
당, 방대한 기록과 역사책, 그리고 기억의 그릇이 될
많은 사람들이 필요하지만, 우리는 한 세기 가까이 미
래의 빛을 따라가면서 그런 것들을 부리는 법을 거의
잊어버렸다. 지난 세기까지만 해도 과거의 기억은 미
래에 의해, 그리고 미래를 위해 파묻혀야 하는 어떤 불
길한 비밀의 아우라로만 존재했다. 너무 생생해서 온
전히 대면하기 어려운 어두컴컴한 고통의 시간들과
그런 고통을 영웅적으로 극복하는 장엄한 역사의 표
상들 사이에서, 기억들은 발설할 수도 기록될 수도 없
는 것으로서 자취를 감추었다.

　　이처럼 과거를 멀리해야 한다는 강박, 또는 더
정확히 말해 과거를 금기시하는 관습은 우리의 시간
을 기묘하게 뒤틀어놓았다. 한편에서 우리는 발전하

는 시간과 그 너머의 번영하는 미래만을 바라보아야
했지만, 돌아볼 수 없는 시간의 저편에서 과거는 종종
짓밟히고 모욕당하고 희생되는 무언가 순정한 것으로
서 유령처럼 되살아났다. 그것은 기록이 금지된 것, 또
는 그저 관성적으로 기록되지 않는 것을 넘어 애초에
기록 불가능한 것으로서, 각자가 경험하거나 심지어
경험하지도 않은 흐릿한 기억을 중심으로 점점 더 신
비롭게 이상화되었다. 그것은 기록으로 뒷받침될 수
없거나 심지어 그럴 필요도 없다고 여겨지는데, 왜냐
하면 각자의 내면에 너무나 자명하게 각인되어 있기
때문이다.

　　　최근 몇 년 사이에 이처럼 기록으로 보충될 수
없는 기억이 분출한 것은, 앞 장에서 살펴본 것처럼 지
난 세기의 시간적 구조가 부서지고 미래의 생산에 문
제가 생긴 결과다. 관점에 따라, 이는 과거의 근대적
시간을 비판하고 극복하기 위한 생산적 파괴로, 일종
의 명현 현상 같은 것으로 취급되기도 한다. 과거·현
재·미래의 시간을 질서정연하게 관리하는 역사적 구
축에서 배제된 잔여물로서, 깜빡이는 기억이 공식적
역사 서술과 맹목적 미래주의 모두에 대한 해독제일
수 있다는 것이다. 하지만 우리가 애초에 공식적으로
역사를 써나가는 법을, 과거를 생산하고 그와 관계 맺
는 방법을 제대로 훈련한 적이 없다는 사실을 기억해
야 한다. 지금 우리가 고통스럽게 직면하고 있듯이, 단

순히 미래주의를 제거한다고 그 빈자리에 어떤 정상
적인 시간이 자연스럽게 회복되는 것은 아니다.

　　현시점에서 정말로 문제가 되는 것은 더 이상
미래주의의 폐해가 아니라 그 역상에 가까운, 일종의
'과거주의'다. 한때 미래가 모든 것들의 최종 목적지
이자 모든 좋은 것들의 거처로서 현재를 빨아들이고
산산조각 냈다면, 이제는 과거가 그 진공청소기 역할
을 대신한다. 한편으로 모든 좋은 것들이 과거에 있는
데, 그것은 유의미한 기억의 형태로 현재에 작용하는
것이 아니라 세피아톤으로 아름답게 보정된 추억으로
현재를 질식시킨다. 다른 한편으로 모든 것이 과거가
되는데, 그것은 공회전하는 시간 속에서 운이 좋으면
작은 추억을 남기고 순식간에 갈려나간다. 기억과 기
록은 끊임없이 오작동하고 그렇기 때문에 과잉 작동
한다.

　　이런 상황에서 우리는 한편으로 너무 거대한 지
난 세기의 유산과 싸워야 하지만, 다른 한편으로 우리
가 내동댕이쳐진 이 새로운 세기의 첫머리를 유의미
한 과거로 생산하는 법을 익혀야 한다. 그것은 과거에
봉사하기 위해서가 아니라 과거에 대한 제어력을 회
복하기 위해서, 현재를 위치시킬 수 있는 최소한의 시
간적 틀을 확보하기 위해서다. 오늘날 과거는 평화로
운 황금의 시간으로서 너무 멀리 있고, 자기 자식을 잡
아먹는 무자비한 신의 시간으로서 너무 가까이 있다.

하지만 그 사이 어디에, 이를테면, 2015년을 놓을 수 있을까? 언제나 그랬듯이 현재는 곧 과거가 된다. 이 시간이 지난해나 그 지난해처럼 기억 저편의 심연으로 가라앉지 않으려면, 그것은 과거와 다른 방식으로 과거와 손잡아야 한다.

미래를 넘어선
미래

백남준아트센터의 2015년 첫 번째 기획 전시 『2015 랜덤 액세스』는 예술가란 "미래를 사유하는 자"라는 백남준의 말을 내세워 의연하게 미래주의의 부활을 꾀했다.[1] 그런데 백남준의 미래주의는 지난 세기의 미래주의, "우리가 아직 알지 못하는 (…) 발견하고 개발해야 할 공간"으로서의 "미래에 대한 종교적 믿음", 즉 "미래가 곧 진보라는" 신념을 다소 특이하게 고쳐 쓴 것이다.[2] 원래 "예술가의 역할은 미래를 사유하는 것"이라는 표현은 백남준이 1980년 뉴욕현대미술관에서 발표한 「임의 접속 정보(*Random Access Information*)」에 나오는데, 이 글에서 백남준은 예술가가 미래를 사유할 수 있다고 자신하거나 낙관하지 않는다. 오히려 그는 미래를 근심하면서 그에 대한 무지와 통제 불능을 되새기고 있다.

1　『2015 랜덤 액세스』 전시 리플릿, 백남준아트센터, 2015년.
2　프랑코 베라르디 비포, 『미래 이후』, 강서진 옮김, 난장, 2013년, 42~44쪽.

예술가의 역할은 미래를 사유하는 것이다. 지금
이 시간에 미래를 투영한다는 것은 쉬운 일이
아니다. (…) 미래를 사유한다는 것은 미래에
실현 가능한 시나리오를 떠올리는 일인데, 그중
에는 핵 융합의 성공 여부도 포함된다. 성공한
다면 1962년처럼 에너지가 매우 저렴해질 것이
다. (…) 그런데 만약 만족할 만한 성과를 얻지
못한다면 미래는 존재하지 않을 것이다. (…)
핵 융합 분야만이 미국인과 러시아인이 협력하
는 유일한 분야이다. 왜냐하면 아무도 이것이
성공할지 실패할지 모르기 때문이다. (…) 만
일 내가 47세에 뉴욕에서 가난한 예술가의 삶을
살리라는 것을 25세 때 알았다면 계획을 다르게
세웠을 것이다. 삶에는 '빨리 감기'나 '되감기'
가 없기에 앞날을 전혀 예견할 수 없다. 그러니
한 걸음씩 앞으로 나갈 수밖에 없다.[3]

백남준의 글은 질서정연하게 선형적으로 전개된다기
보다 사방팔방 뻗어 나가면서 의미의 그물망을 형성
한다. 그것은 기본적으로 공간과 시간의 속박에서 해
방되고자 하는 인간의 오랜 충동과 그로부터 파생되

---

3   백남준, 「임의 접속 정보」, 『백남준: 말에서 크리스토까지』,
에디트 데커 외 엮음, 임왕준 외 옮김, 백남준아트센터, 2010년,
178~179쪽.

는 교통, 커뮤니케이션, 예술의 문제를 성찰하는데, 말하자면 이렇다. 인간은 비가역적인 시간의 흐름을 통제(저장)하기 위해 다양한 정보 시스템을 만들었지만, 이는 치명적인 정보의 과잉을 유발했고 우리는 여전히 시간을 정복하지 못하고 있다. 게다가 인간이 광대한 공간을 자유롭게 통제(이동)하기 위해 개발한 교통 시스템은 치명적인 에너지 위기를 초래하여 미래의 존립 가능성 자체를 뒤흔들고 있다. 그런데 만약 물리적 교통을 대체하는 커뮤니케이션 시스템, 시공간적 질서를 무시하고 자유자재로 접속하고 비약할 수 있는 새로운 정보의 시공간을 만든다면 인간의 뿌리 깊은 두 가지 난제가 동시에 해결되지 않을까? 말하자면 임의 접속 정보가 핵 융합만큼이나 궁극적인 해결책이 될 수도 있다는 것이다.

여기서 백남준이 상상하는 것은 지금 우리가 목도하고 있는 물질적인 세계보다도 차라리 어떤 텔레파시적인 상호작용이 일어나는 비물질적이고 정신적인 공유지에 가깝다. 그는 우리가 얼마나 환경의 영향에 취약한 존재인지 누구보다 잘 알면서도, 오히려 그렇기 때문에 우리 자신을 해방시킬 수 있는 완전히 인공적인 환경 또는 어떤 초월적인 상태에 대한 열망을 멈추지 못한다. 비디오나 위성방송 시스템을 이용한 그의 작업들이나 미래의 미디어 기술에 대한 낙관적 발언들은 모두 이러한 열망에 뿌리를 둔다. 그는 단순

히 더 나은 미래가 현재를 대체하기를 바라는 것이 아
니라 과거에서 미래로 나아가는 시간의 일방향성 자
체가 무너지기를 노래한다.

임의 접속 정보와 시간으로부터의 해방. 이러한
단어의 조합은 오늘의 시점에서 다소 기이해 보인다.
확실히 어떤 약속은 실현되었다. 지구의 많은 지역에
서 여전히 고전적인 정보 통제가 일어나고 있지만 그
럼에도 오늘날 정보는 과거 어느 때보다 가볍게 전파
된다. 임의 접속 방식은 정보에 접근하는 가장 지배적
인 형태로서 우리가 영화나 책 같은 선형적 매체를 대
하는 방식마저 근본적으로 바꿔놓고 있다. 하지만 이
자유는 백남준이 상상했던 것처럼 그렇게 황홀하게
향유되지 않는다. 그것이 너무 당연하고 진부해서가
아니라, 그것이 지나치게 익숙하고 가까운 만큼 불가
해하기 때문이다. 우리는 어떤 의미에서도 시간으로
부터 해방되지 않았지만 명백하게 과거와 다른 시간
의 감각 속에서 살아간다.

과거의 미래주의와 그 실현으로서의 현재 사이
에는 명백한 간극이 존재한다. 그리고 이는 지난 세기
의 독창적인 미래주의자를 기리는 미술관이 우리 세
기에 어떻게 존속할 수 있는가 하는 까다로운 문제를
제기한다. 백남준아트센터 초대 관장으로 2008년 개
관전을 지휘했던 큐레이터 이영철의 말을 빌리자면,
그것은 "누구도 피할 수 없는 생로병사의 자연 법칙

그리고 일체의 상대적 관념과 잡념에서 벗어나 (⋯) 무목적적인 자유와 해방을 획득해가는" 한 예술가의 "영구적인 자기 혁명"을 이어나가야 한다.[4] 하지만 거꾸로 생각하면, 죽은 백남준이 생로병사를 초월하기 위해서는 그의 사후에도 백남준식 영구 혁명을 지속시키는 미술관의 존재가 — 백남준 본인의 말을 빌리자면 "백남준이 오래 사는 집"이[5] — 필수적이다. 과거는 미래에 의해 좌우되고, 미래는 다시 과거에 의해 좌우된다. 이는 양방향적으로 해방된 시간이 아니라 문자 그대로 중층 결정되는 시간이다. 양 옆에서 압력을 가하는 시간의 틈새에서, 미술관은 시간으로부터의 자유를 노래해야 한다. 그것은 누구의 노래이고, 어떤 노래인가?

　　백남준이 「임의 접속 정보」의 마지막에 덧붙인 짧은 추신은 이 질문의 답을 암시한다. 그에 따르면, 예술과 커뮤니케이션의 접점을 찾는 것은 "우리의 꿈"이지만 그럼에도 예술의 고유한 "속물적" 속성이 있다. 그것은 무제한으로 접속 가능한 것이 되기를 회피한다. 그래서 "위대한 예술"이 된 비디오는 공간에 붙박힌 "비디오 설치"가 될 것이다. 오케스트라 지휘

4　「첫 항해를 시작하며」, 『나우 점프: 스테이션 원(*Now Jump: Station 1*)』, 전시 도록, 백남준아트센터, 2008년, 13쪽.

5　백남준아트센터 웹사이트. www.njpartcenter.kr/ 참조.

자가 고전 작곡가의 악보를 해석하고 연주하듯이 "21세기 젊은 음악가는 일련의 사진과 표기법을 기준으로 피터 캠퍼스의 비디오 설치를 '해석'하게 될 것이다."[6] 그는 차마 캠퍼스의 이름 대신 자신의 이름을 써 넣을 수는 없었던 것일까? 어쨌든 이 추신은 백남준의 미래주의를 지속 가능하게 만드는 최소한의 물질적 배치 또는 토대를 명시한다. 그것은 작업을 기록한 문서("일련의 사진과 표기법")와 그것을 소생시키는 다음 세대의 존재다.

백남준이 추구하는 자유는 극히 정신적이지만 모든 정신적 자유는 물질적 토대를 요구한다. 또는 더 정확히 말해서 모든 정신적 자유는 신체의 조작에 의존한다. 결국 시공간의 속박을 벗어나 모든 시간과 공간에 자유롭게 존재하고 싶다는 것은 무겁고 질질 끌리는 신체를 더 가볍고 빠르고 내구성 있는 형태로 강화하거나 또는 굳이 신체에 의존할 필요가 없는 다른 환경으로 이행하고 싶다는 욕망의 다른 표현이다. 매클루언의 가톨릭에서 백남준의 동양철학에 이르기까지 기술에 대한 사랑이 흔히 종교적 관심과 맞물리는 것은 우연이 아니다. 기술은 신의 왕국을 지상에 임하게 하는 한 가지 방법이다. 그리고 문서와 그것을 낭송하는 사도들의 결합은 신이 자신의 왕국을 지상에 전

6 백남준, 앞의 글, 173, 182쪽.

하는—또는 스스로 지상으로 추락했다고 믿는 인간이 신의 왕국에 대한 기억을 상기하는—아주 오래된 방법이다.

일종의 악보처럼 퍼포먼스의 지시문을 기록하여 예기치 않은 해석과 실행의 잠재력을 보존하는 플럭서스의 '이벤트 스코어(event score)'는 미술이 물신화된 작품의 몸체와 그것을 숭상하는 미술의 제도에 속박되지 않을 수 있게 해준다. 하지만 그것은 문서라는 몸체와 그것을 재생하고 수행하는 퍼포머의 신체를 요구하며, 장기적 관점에서 이들을 꾸준히 만나게 하고 그 만남을 의미 있게 하는 또 다른 미술의 제도를 필요로 한다. 그러니까 성물과 성상을 인정하느냐 하지 않느냐 하는 교리의 차이가 있을 뿐이지, 어떤 종교적 충동을 바탕으로 이를 충족시키기 위한 물질적 토대 또는 일종의 미디어 시스템을 요구한다는 점에서는 양자가 별반 다르지 않다.

바로 이러한 유사성과 차이 때문에 백남준아트센터라는 일종의 미술관이 가능해지고 이 공간에서 기획하는 젊은 미술가들의 전시가 필요해진다. 『2015 랜덤 액세스』의 참여 작가들은 그들의 가장 진정한 노래를 불러야 하는데, 이것은 신비롭게도 백남준의 노래와 아름다운 화음을 (또는 그보다 더 아름다운 불협화음을) 이루어야 한다. 미술관이 기획하는 것은 이러한 작은 신비다. 그리고 이 기획이 의도한 대로 실현된다면, 미술관은 흡사 마술처럼 관객의 눈앞에서 사라지고 오로지 시공간의 구속을 넘어서는 예술의 자유만이 신성한 섬광처럼 빛나게 될 것이다.

그러나 『2015 랜덤 액세스』에 참여한 몇몇 작가들은, 백남준의 「임의 접속 정보」를 적극적으로 해석하자면 이미 그 안에 다 적혀 있다고도 볼 수 있는 이러한 시나리오를 끝내 따르지 않는다. 이들은 무대에 올라 최고의 노래를 부르고 박수갈채를 받는 대신에, 마치 수수께끼의 사건을 맡은 탐정 또는 함정에 빠진 용의자처럼 — 알다시피 미스터리 소설에서는 종종 한 인물이 두 역할을 동시에 맡는데 — 주위를 두리번거린다. 이들은 자신에게 어떤 시나리오가 주어졌고 그것이 어떤 식으로 작동하는지, 또는 자신이 어째서 이 시나리오를 수행할 수 없으며 그것이 무엇을 의미하는지 밝히려 한다. 그리고 이는 불가피하게 장막 너머 또는 백색 페인트 아래에 웅크리고 있는 미술관 자체로 관객의 시선을 이끈다.

미술관 공간의 일부를 '미래'라는 고유명사의 방으로 재구성한 이세옥의 「미래의 방(*Mirae's Room*)」(2015)을 살펴보자. 이 공간은 크게 두 영역으로 분할되는데, 한편에는 기울어진 벽 또는 일어선 바닥, 끌어내린 지붕 또는 매달린 책상, 쓸모없는 계단 또는 관객을 위한 객석으로 구성된 넓고 새하얀 공간이 있고, 다른 한편에는 피라미드 또는 미궁 모양의

검고 협소한 공간이 있다. 전자가 일그러진 중력장 속에서 불안하게 부유한다면, 후자는 힘과 소리를 빨아들이는 둔중함 속에 관객을 가둔다. 이것은 서로 다른 '미래'의 두 가지 버전일까, 아니면 하나가 다른 하나를 꿈꾸는 걸까? 또는 어쩌면, 이제 여기서 관객이 이 방의 주인인 '미래'를 꿈꾸어야 할까? 어두운 미궁 속에서 반복되는 "내가 걷는 이 길을 좋아하자, 내가 걷는 이 길을 선물이라고 생각하자"라는 천진한 목소리는 아마도 이 방에서 '미래'를 영영 찾지 못할 것임을 암시한다. 그럼에도 여기저기에 흩뿌려진 조용한 문장들은 무언가 답을 찾아야 하는 수수께끼인지 아니면 문자 그대로 따라야 하는 지시문인지 알 수 없는 채로, 바로 그런 모호함 속에서 관객에게 무언가 하라고 부드럽게 압박을 가한다.

떠다니는 목소리들과 덫처럼 매설된 문장들. 이세옥의 작업은 담론의 작용을 신체적으로 감각하고 반응할 수 있는 공간적 형태로 변환한다. 문장들은 언제나 맨 처음 말해진 것이 아니라 반복되는 것처럼, 흡사 메아리처럼 들려오지만, 단순히 인용되거나 전달되는 데 그치지 않는다. 정교하게 통제된 공간은 그 자체로 아무 강제력도 없는 말들에 기묘한 호명의 힘을 불어넣는다. 작가는 말의 주인으로서 관객에게 아름답고 의미 있는 말을 부려보이는 대신에, 말이 우리의 주인으로서 우리 자신을 어떻게 부리는지 의식적으로 경험하고 관찰할 수 있는 기회를 조성한다. 그리고 미술관과 일체화된 「미래의 방」에서, 이런 접근은 다른 무엇보다 이 미술관 또는 영묘의 담론적 작용을 그대로 반향하여 관객에게 되돌리는 효과를 낳는다.

일시적 집단을 이룬 김시원·윤지원·이수성의 '무제' 연작도 마찬가지로 미술관을 겨냥한다. 다만 이들은 미술관에 유령처럼 휘감긴 목소리를 증폭하는 것이 아니라 오히려 그런 목소리를 제거함으로써 미술관이라는 무대장치와 그 이면의 메커니즘을 노출하고자 한다. 그리고 작가들은 이를 위해 단순히 자리를 비켜주는 것이 아니라 오히려 바로 그런 메커니즘의 일부로서 숨겨졌던 자기 존재를 드러낸다. 전시가 열려 있는 시간에는 보이지 않는, 미술을 보러온 관객의 시선에는 포착되지 않는 노동과 자재가 미술가의 작업이 되어 전시의 시공간을 점거한다. 그것은 이들이 막연히 미술을 하는 사람이 아니라 전시를 만드는 사람으로서, 미술가이자 기획자, 또는 전시 콘텐츠 제작자, 전시 디자이너, 전시 설치업자로서 늘상 만지고 보아왔던 것들이다.

각자 자신들의 키만큼 기둥을 세우고―따라서 아래로 몸을 숨기기도 위로 뛰어 올라가기도 애매한 높이로―기우뚱한 플랫폼을 만든 김시원의 「무제 (x)」(2015)는 이들의 접근법을 단적으로 보여준다. 여기에는 이상한 머뭇거림 또는 양가성이 있다. 그것은 그 자체로 목적이 되는 미술가의 작업이라고 하기에도, 또는 다른 미술가의 작업을 뒷받침하는 전시 설치업자의 작업이라고 하기에도 어딘가 석연치 않고 불완전한 느낌을 준다. 하지만 정확히 그런 것으로서 이 작업은 '전시를 만드는 사람'으로서 이들의 현재를 정직하게 각인한 일종의 기념비가 된다. 전시장 바닥의 마룻널을 촬영하여 실제 크기로 출력한 점착식 PVC 필름을 다시 바닥에 붙이고 이를 회화 형태로 재구성해 벽에 거는 윤지원의 「무제(바닥)」(2015)과 「무제(바닥/그림)」(2015)도 마찬가지다. 그것은 미술과 미술 아닌 것 사이에서 진동하면서, 자신을 미술로 보아달라고 요구하기에 앞서 무엇이 '미술을 본다'라는 명제를 가능하게 하는지 되묻는다. 그것은 낙관이나 비관, 호언이나 냉소의 표현이 되기 이전에 그저 순수한 의문문의 형태로 관객 앞에 주어진다.

여러 개의 조명을 천장에 집중시키고 소비 전력량과 그에 해당하는 전기세를 계산하는 이수성의 「무제($x \, Wh \, y \, \text{₩} - x$, y는 전시 종료 이후 수정)」(2015)은 전기의 빛을 순수한 무의미로, 문자 그대로 소진시킨다. 관점에 따라 박이소의 「당신의 밝은 미래」(2002)를 떠올릴 수도 있을 이 작업에는 어쩔 수 없는 자조의 기운이 있다. 햇빛이 들어오는 유리창 아래 줄지어 늘어선 조명들은 관객이 주로 방문하는 낮 시간에는 별로 기운을 쓰지 못하다가 해가 지고 전시가 끝날 무렵

이수성
「무제(x Wh y ₩ - x, y는 전시 종료 이후 수정)」
2015

에야 홀로 강렬하게 빛나기 시작한다.[7] 그 빛은 건물 바깥에서도 보일 정도로 밝다고 하지만, 인적이 드문 백남준아트센터 주변에서 누군가 우연히 그 장관을 목격하리라 기대하기는 어렵다. 그럼에도 이 조명 설치물은 전시의 시공간 바깥을 비추는 외로운 등대처럼—전기세를 철철 낭비하면서—의연하게 제자리를 지킨다.

　　이러한 작업들은 미술관의 신비를 방해하거나 적어도 유보시킨다. 하지만 이는 그 신비를 폭력적으로 깨뜨리려던 탈주술적 접근이나 어떤 타자적인 이물질을 난입시켜 그 신비를 되살리려던 재주술적 접근을, 거의 반 세기 전에 이미 한 번 반복되었던 아방가르드의 역사를 다시 반복하지도 재생하지도 못한다(말하자면 이들은 네오-네오-다다가 아니다). 이들은 그저 무대 중앙에서 약간 비껴서서 그런 역사로의 접근이 불가능함을 묵묵히 드러낼 뿐이다. 역사는, 더 정

7　　처음 전시물과 전시 설명을 보고 내가 상상한 것은 전시가 끝난 한밤중에 홀로 어둠을 밝히고 있는 전시 조명의 모습이었다. 그러나 작가의 말에 따르면 실제로 그런 풍경이 실현되지는 못했다고 한다. "사실 묘사해주신 설명이 거의 정확하게 제가 상상한 작업이었습니다. 최초의 계획은 전시가 끝난 시간 이후에도 작업이 계속 작동하게 하는 것이었는데, 안전상의 이유라든가 관리의 문제라든가 하는 미술관의 조건 때문에 실제로는 전시가 운영되는 시간 동안(10~18시) 작동하는 것으로 수정하였습니다. 개인적으로는 아쉬웠던 부분입니다." 메일 인터뷰, 2016년 1월 15일.

확히 말해 역사를 떠받쳐야 할 문서들은 재생 불가능한 것으로 남겨진다. 문서가 재생되지 못한다는 것은 무슨 뜻인가? 그것은 더 이상 문서를 읽을 수도 이어 쓸 수도 없다는 뜻이다. 문서는 지금 여기로부터 다른 어디 또는 언제로 도약하는, 역으로 다른 어디 또는 언제가 지금 여기로 밀려드는 가상의 문이 되기를 멈춘다. 쇼는 계속되지 못한다. 그것은 영웅적으로 중단되거나 놀라움 속에 재개되지 못하는 채로 어딘가에 걸려 덜거덕거린다. 어째서 그런가? 이를 이해하려면 전시 바깥의 시간, 장막이 드리운 무대 뒤의 어둠 속으로 더 들어가야만 한다.

전시 바깥의
시간들

전시 바깥의 시간은 여러 가지 의미를 지닐 수 있다. 이를테면 10여 년 전으로 거슬러 올라가서, 2006년 인사미술공간(이하 인미공)이 인사동에서 원서동으로 이전하던 때를 잠시 돌이켜보자. 당시 인미공의 수석 큐레이터였던 백지숙은 새로운 인미공이 "전시보다는 '전시 이전'과 '전시 이후'를 중요하게" 볼 것이라고 선언했다. 전시 자체의 시간보다 전시를 준비하고 기록하며 미술의 생산을 견인하는 리서치와 프로덕션, 아카이빙과 네트워킹의 시간에 집중하겠다는 것이었다. 여기서 전시 바깥의 시간은 전시에 맥락을 부여하면서 "전시의 앞뒤를 연결해주고, 연장해주는" 생산적 조건으로서 주목받았다.[8] 그것은 소수의 미술가들과 그의 작품들을 견고한 단선적 틀에 가두는 미술사의 구심적 질서를 강화하는 대신, 역으로 동시대라는 거대한 우산 아래서 미술을 지금 여기의 세계로 유연

8　「시각예술인들을 위한 에너지 하우스, 새 인사미술공간을 소개합니다」, 웹진『아르코』, 12호, 2006년. www.arko.or.kr/bodo/online_news/2006/news_0323_1.htm

하게 확장시키는 변화의 진원으로 상상되었다.

이는 단순히 미술 작품들이 더 쉽게 더 멀리까지 이동하고, 새로운 작가와 작품들이 발굴되며, 이들이 다시 더 넓은 맥락에서 다양하게 배치될 수 있는 가능성만을 의미하지 않는다. 오히려 그것은 미술의 생산이 개체로서의 작가와 작품에 고착되고 나머지 모두(미술의 보존과 연구, 매매와 소비, 감상과 향유)가 거기 맞추어 정의되는 고전적인 미술의 배치를 넘어설 가능성을 엿본다. 당시 새 인미공 건물의 리노베이션을 맡은 최정화가 지하 1층만 전시 공간으로 두고 지상 1, 2, 3층을 각각 커뮤널 스페이스, 아카이브, 학예 사무실로 조성한 것은 엄격한 의도의 결과다. 여기서 물리적으로 작품을 진열하는 전시는 더 이상 중심부가 아니라 주변부 또는 기저부로 밀려나고, 작품을 통해 매개되거나 심지어 물질화된 작품에 의존하지 않는 다양한 활동들이 중심부 또는 상층부로 올라온다. 미술을 응결시키는 '작품' 생산의 주체만큼이나—어쩌면 그보다 더—미술을 발산시키고 새롭게 작동시키는 프로그램의 입안자로서 기획자의 역할이 중시된다.

이는 단순히 기획자의 힘이 커진다는 말이 아니다. 오히려 이러한 배치는 작가도 일종의 기획자가 되어야 하고 역으로 기획자도 일종의 작가가 되어야 함을 내포한다. 미술의 생산은 고전적인 작품 생산을 넘어 좀 더 넓은 의미로 재정의되어야 하고, 가능하다면 여태껏 수동적인 감상자, 소비자, 또는 숭배자로만 남겨졌던 관객의 영역까지도 생산의 범위 안에 포괄될 수 있어야 한다. 미술은 명사에서 동사로 변신할 것이다. 그러나 다시 한 번, 모든 것은 최소한의 몸체를 필요로 하며 정신적 자유는 물질적 토대를 요구한다. 새로운 인미공에서 문서가 중시되는 것, "미술 공간이라고 하는데 미술 작품은 하나도 없고 책만 잔뜩 있더라고" 하는 상황은 바로 여기서 비롯된다.[9] 문서는 물신화될 수 없는, 어떤 의미에서도 신성해질 수 없는, 무언가 좋은 소식을 전하기 위해 기꺼이 양산될 수 있는 부차적 신체, 미술의 순수한 도구로서 인미공의 허리를 떠받친다.

이것이 새 인미공, 또는 2015년 현재 시점에서 구 인미공의 기본 프로그램이었다. 그것은 2009년 인미공이 아르코미술관에 통합되면서 학예실과 아카이브의 기능을 상실하고 단순 전시 공간으로 전용되었을 때 한 번 종결되었다(관점에 따라서는 단호하게 '실패했다'라거나 또는 좀 더 유보적으로 '잠복되었다'라고 말할 수도 있을 것이다). 2012년 이단지 큐레이터가 인미공을 맡으면서 학예실 기능이 많이 회복되었지만 어떤 것들은 영영 복구되지 못했고 현재는 또 상

9   위의 글.

황이 다소 묘연해졌다. 2층 아카이브실은 여전히 텅 비워진 채 전시 공간으로 쓰이고 있고, 그 공간의 의미는 이미 오래 전 휘발되어 이제 아무도 상관하지 않는 듯하다.

2014년 인미공 큐레이터 워크숍 성과 보고전으로 2015년 남선우, 예희정, 최유은이 공동 기획한 『Afterpiece 막후극』은 바로 이러한 기억상실의 공간에서 다시 한 번 전시 바깥, 특히 전시 이후의 시간을 불러내려는 시도였다. 하지만 10여 년의 시차 속에서 그 의미는 완전히 반전되었다. 미술은 얼어붙은 전시의 시공간을 넘어서 저기 바깥으로 날아오르기를 꿈꾸는 대신에, 연약한 전시의 시공간에 위태롭게 고립된 채로 모든 것을 무의미로 녹여버리는 저기 바깥의 적대적인 공기를 관조한다. 이는 단순히 미술 외부의 어떤 현실이 바뀐 결과가 아니다. 적어도 전시에 참여한 작가들이 응시하는 것은 미술 제도의 내부이고, 그 속에서 지난 10여 년 또는 그 이전부터 흘러 넘쳤던 시간의 흐름이며, 그 시간을 각인하고 있는 구체적인 물질들의 잔해다. 그것은 전시 공간일 수도, 전시를 진행하는 과정에서 만들어진 작업이나 문서의 일부일 수도 있으며, 지금은 사라진 구 인미공의 희미한 흔적일 수도 있다.

전시는 우리가 그동안 열심히 만들고 또 보았던 전시들이 모두 어디로 갔을까, 그것은 무엇을 남겼을

까 하는 막연하지만 끈덕진 의문에서 출발한다. 여기
서 전시 바깥의 시간은 전시의 시간을 집어삼키는 공
허의 무덤으로, 불가해한 심연으로 지각된다. 과거의
유산은 쉽사리 독해되지 않고, 그 불투명함은 현재의
시간과 그 속에서의 행위들마저 어둠 속에 빠뜨린다.
"결국 이번 기획은 과거로부터 무언가 중요한 것이 누
락되었을지도 모른다는, 그러므로 나는 그것을 끝끝
내 알지 못할 것이라는 불안감에서 출발했는지도 모
르겠다."[10] 이러한 태도는 기획자들뿐만 아니라 참여
작가들에게도 발견된다. 이들은 인미공의 전성기에
학생이었고, 대부분 그 시간이 끝날 무렵부터 미술가
로서의 경력을 시작했다. 이러한 불연속은 무엇을 남
겼는가? 그것은 봉합하거나 또는 적어도 가로지를 수
있는 것일까?

　　　파트타임스위트는 이 같은 시간의 수수께끼와
대면하기 위해 2000년부터 2008년까지 구 인미공의
남은 문서들, 아카이브의 파편들을 뒤진다. 하지만 인
미공의 중심이었던 아카이브는 시간을 가로질러 기억
을 활성화하지 못한다. 애초에 인미공 아카이브는 기
록을 보존하여 시간의 흐름에 대항하는 방파제라기보
다 오히려 문서의 형태를 빌려 공간적 간격을 가로지

10　남선우, 예희정, 최유은, 「Afterpiece 막후극」, 『Afterpiece 막
후극』, 전시 소책자, 인사미술공간, 2015년, 쪽수 표시 없음.

르고 새로운 접속을 생성하는 일종의 포털로서 조성
된 것이었다. 그것은 중심과 주변, 여기와 저기의 거리
가 무효화된 '임의 접속 정보'의 세계, 무제한으로 재
조합되고 재해석될 수 있는 잠재적인 '이벤트 스코어'
의 보고로서, 이미 언제나 데이터베이스로 회수되면
서 예기치 못한 만남의 스파크로 반짝거리는 다차원
의 네트워크를 꿈꾸었다.

여기에는 시간을 두려워하지 않는 의기양양한
승리의 감각, 거의 무방비한 도취가 있다. 하지만 원래
아카이브는 큰 낫으로 모든 것을 베어버리는 '아버지
시간'에 대한 공포와 극복의 의지로부터 비롯된 것이
다. 그것은 인간이 만든 제도에 개별 인간들의 제한된
능력과 유한한 수명을 넘어서는 지속성과 절대성을
부여하고 다시 그 제도 내에서 불멸을 보장받는다. 물
론 어떤 아카이브도 약속된 불멸을 누리지는 못한다.
그러나 만약 아카이브에 의식이 있다면, 그것은 자신
의 죽음을 잘 이해할 수 없을 것이다. 인미공 아카이브
는 자신이 왜 원서동 인미공 2층에서 아르코미술관으
로 옮겨져야 했는지 설명할 수 있을까? 관훈동 인사아
트센터에서 학고재 신관을 거쳐 현 원서동 건물에 이
르는 인미공의 예외적 역사는 아카이브의 용량을 가
뿐하게 초과해버린다.

파트타임스위트는 이 수수께끼 같은 시간을 해
명하기보다 오히려 기억상실 자체를 현재의 조건으로

받아들이고 그 위에서 시간의 재건을 도모한다. 문제는 과거가 아니라 현재다. 어떻게 지나갔는지 모를 과거를 재검토함으로써 현재를 재탈환하려는 시도로서, 파트타임스위트의 「한 개 열린 구멍」(2015)은 아카이브 리서치, 퍼포먼스, 영상 기록과 설치를 조합하여 인미공의 지난 시간들을 수행적으로 재해석한다. 세계화와 민영화, 탈산업화와 문화 창조가 미래의 성장 동력이라는 장밋빛 비전이 아직 성립하던 시대의 단편들이 아카이브에서 발굴되어 파랗게 채색되고 내던져진다. 이러한 채색의 행위는 인미공의 원형 간판을 연상시키는 둥근 유리판에 갖가지 색의 물감을 부어서 굳히는 것으로 반복된다.

　　미공개로 수행된 이 퍼포먼스에는 몇 겹의 과거들이 말려들어 있다. 인미공의 직전 전시에 쓰였던 목구조물은 설치업자들의 손에 의해 해체되어 『After-piece 막후극』 기획자들의 손에 의해 재조립된다. 이렇게 재조립된 가설물을 둘러싸고 물감을 들이부으며 드럼을 연주하는 소란 속에서, 기획자들은 퍼포머가 되고, 작가들은 기획자이자 기록자가 되며, 한 전시를 닫고 다음 전시를 여는 전시 바깥의 시간은 기록물의 형태로 전시 안에 밀려들어온다. 여기서 미술의 생산을 작가와 작품 너머로, 전시 바깥으로 확대한다는 구인미공의 프로그램은 마치 유령처럼 재소환된다. 이것이 유령을 되살리기 위한 재생 의식인지 아니면 유령을 떠나보내기 위한 제령 의식인지는 분명치 않다.
인미공 건물 안에서 흘러 넘치던 물감들은 관객이 영
상을 보는 시점에서 이미 깨끗이 치워지고 없다. 기록
영상은 자신이 본 것들을 명료하게 말하지 않는다. 하
지만 둥근 유리판에 남은 물감들은 불가해한 무늬와
균열을 이루며 지하와 지상을 잇는 계단참을 지키고
있다. 시간은 체계적으로 정리할 수도 투명하게 독해
할 수도 없는 흔적만을 남긴 채 지나가버렸다. 「한 개
열린 구멍」은 그 사실을 받아들일 것을 요구한다.

　　여기에는 불모한 시간 또는 적어도 단절된 시간
을 드러내 보이려는 의지가 있다. 파트타임스위트는
인미공이 뱃속을 비우고 순수한 전시 공간으로 환원
되던 바로 그 해부터 정형화된 전시 공간을 포기하고
지하실과 공터, 주차장과 거리를 떠돌며 일시적인 무
대를 구축하기 시작했다. 결과적으로 이들의 여정은
구 인미공의 다다를 수 없는 과거와 그 이후의 불가해
한 현재――또는 2009년 이전의 '동시대'와 2009년 이
후의 '동시대'――양쪽 모두와 애매하게 어긋나 있다.
이는 비단 파트타임스위트뿐만 아니라 2010년 전후로
활동을 시작한 젊은 미술가들이 크든 작든 공통적으
로 겪어왔던 문제이기도 하다.

　　김민애와 이수성은 아카이브실이었던 2층에서
과거의 개인전들을 돌아보면서 각자가 겪은 어긋남의
시간을 반추한다. 김민애는 2008년 관훈갤러리에서

파트타임스위트
「한 개 열린 구멍」
2015
전시 설치 중 일부

열린 첫 개인전 『익명풍경』에 관한 기억들을 글로 옮겨서 여러 장의 반투명한 장막에 백색으로 인쇄한다. 장막들은 시선을 가리고, 글자들은 잘 읽히지 않는다. 그 사이에서 이수성은 2014년 시청각에서 열린 첫 개인전 『독신자 파티(*Bachelor Party*)』에 설치했던 작업의 파편들을 기념비 또는 기념물의 형태로 재구성한다. 이는 지난 전시들의 기록이기도 하지만 두 작가들의 작업 방식을 그대로 연장한 것이기도 하다. 김민애의 『익명풍경』은 그 자체가 전시를 준비하는 동안 작가가 경험한 주변 공간과 사물들, 그에 대한 오해 또는 덧없는 기대의 기억을 담담하게 물질화한 결과였다. 마찬가지로 이수성의 『독신자 파티』는 첫 개인전을 하기까지 작가의 작업과 노동, 헛된 제안과 사적인 꿈의 기억을 한시적인 기념비로 재구성한 전시였다.

　　김민애와 이수성의 작업에서 시간은 세상 모든 것을 에워싸는 공통의 그릇이나, 객관적 기록을 통해 저장되고 편집될 수 있는 무차원의 공간, 또는 분절된 차량들이 이어지는 기차와 같은 것으로 상상되지 않는다. 오히려 시간은 건조하게 갈라지고 끊어지면서 계속 자라나는, 자신의 잔해로 모든 것을 뒤덮고 파묻어버리는 덩굴식물처럼 무질서하게 번성하고 끊임없이 단명한다. 작가들은 이 시간을 객관적으로 관찰하거나, 주관적으로 해석하거나, 또는 주체적으로 극복하기보다, 그저 자신이 삼킨 만큼의 시간을 정직하게 되새긴다. 아직은 확신도 체념도 없이, 그저 바닥에 발이 닿지 않는 시간 속에서 익사하지 않을 수 있는 균형점을 찾아 떠돌아다닌 결과로서, 이들은 스스로 세계 속에 놓인 반투명한 접면이 되어 매 순간 주어진 시간과 공간을 반영하고 굴절시킨다. 무엇을 지키는지, 또는 무엇을 기다리는지, 파수병인지, 아니면 첩자인지, 어쩌면 본인 스스로도 잘 알지 못하는 채로.

이 시간은 여러 가지 질문을 불러일으킨다. 그것을 재현하는 것이 가능할까? 그것을 빠져나오는 것이 가능할까? 아니면 그 속에서 무언가 지속되는 것이 가능할까? 또는 무언가 영속적이고 불변하는 것이 그 속으로 침투하는 것이 가능할까? 요컨대 이 시간 속에서 형성된 미술가와 그의 작업들이 그때그때 그들이 놓였던 이벤트의 시공간을 넘어서 최소한의 자족성과 연속성을 유지하는 것이, 가능한 일일까? 이러한 의문 또는 의혹은 이수성과 김민애가 장소 특정적이고 맥락 의존적인 작업을 전개하는 근간인 동시에, 그런 작업의 과정과 결과를 포함해서 과거의 산물들을 계속 재구성하도록 추동하는 요인이 된다.

그러나 작가들의 기억은 에피소드들이 나열되는 방랑의 시간과 교양소설적인 성장의 시간 사이에서 어느 쪽으로도 선뜻 움직이지 못한다. 과거는 해독될 수 없고 접속될 수 없고 어디로도 갈 수 없는, 말하자면 문서가 되지 못하는 것으로서 파편적인 기념물

로만 남겨진다. 전시용으로 쓰기에는 약간 작게 구획
된 2층 공간에서, 관객은 계속해서 문지방을 넘고 장
막을 들추며 퍼즐 조각처럼 흩어진 불투명한 시간의
단편들을 가로질러야 한다. 하지만 어쩌면 이 퍼즐은
짜맞추어야 하는 것이 아닐지도, 이 풍경의 의미는 의
외로 단순할지도 모른다. 말하자면 어떤 이들에게 지
난 몇 년간 전시 바깥의 시간, "전시의 앞뒤를 연결해
주고, 연장해주는" 시간은 오로지 폐허의 형태로만 재
현될 수 있었다는 것이다.

문서의 임무

이어지지 않는 시간들은 낱낱의 전시들을 고립시키고 침식하니, 그 속에서 다시 해독될 수 있고 접속될 수 있고 어디로도 갈 수 있는 매개체로서 문서가 번성하는 것은 자연스럽다. 하지만 여기에는 부연이 필요하다. 한편에서 문서는 여전히 전시를 보충하고 확장하는 추가적인 레이어로, 전시를 활성화하는 촉매로, 더 나아가 전시를 다른 전시나 심지어 미술 바깥으로 연계하는 생산적 출구로 상상된다. 하지만 다른 한편에서 문서는 이미 언제나 무제한으로 접속 가능한 것이 되기를 회피하는 예술의 고유한 "속물적" 속성을 공유한다. 이는 지난 몇 년간의 오르내림 끝에 이제는 거의 미술의 준합법적 매체로 자리잡은 듯한 '독립 출판' 또는 '아트 북'에만 국한되지 않는다. 다양한 미디어들이 사람들의 시간을 두고 초 단위로 다투는 현 시점에서, 문서는 매체를 불문하고 다소 오래되고 조금은 고루하게 여겨진다.

　　이러한 시대착오성은 물론 문서에 은은한 매력을 덧입히지만 그와 동시에 문서가 원래 가졌던 발 빠른 전령으로서의 이미지를 퇴색시킨다. 하지만 그렇다고 해서 시간의 흐름을 가로질러 변하지 않는 것을 보존하는 문서의 오래된 기능이 선뜻 되돌아오는 것은 아니다. 오히려 문서는 어딘가 잘 보이지 않는 곳에 숨겨진, 무언가 작은 신비를 감추고 있는 단단한 돌과 같은 것으로, 미술 작품이 되거나 심지어 그것을 넘어서거나 아니면 그냥 무감각한 돌멩이로 남을 수도 있는 경계선에서 덜그럭거린다. 그것은 이 푸석푸석한 세계에서 무언가 발을 디딜 수 있는 견고함에 대한 욕구를 충족시키는 한편으로, 어딘가 다른 세계로의 출구를 향한 갈망에 불을 지핀다.

시청각의 2015년 마지막 기획 전시 『/도큐먼츠(/documents)』는 이 같은 문서의 다양한 가능성들과 한계들을 뒤집어보았다. 여기서 문서는 작업이나 전시를 보충하고 기록하는 후일담의 매체가 아니라 오히려 서로 다른 작업들을 소환하고 전시를 성립시키는 출발점이 되었다. 이 전시의 모태가 된 것은 2013년 연말 시청각이 개관할 때부터 2년여 동안 만들어온 '시청각 문서'다. 여러 사람들이 돌아가면서 각자 3개월 이내에 자신이 겪은 감각적 기억에 관한 글을 쓰고—결과적으로 이 규칙이 엄격하게 지켜진 것 같지는 않지만, 실상 이 규칙을 벗어나기도 쉽지는 않아서—백색 바탕의 간결한 문서(PDF와 인쇄물)로 남기는 이 프로젝트는 전시를 통해 다양한 차원으로 변이되어 나간다. 그것은 한 권의 책으로 묶이고, 인터넷 방송으로 송출되며, 전시장에 설치된 여러 미술가들의 작업과 시청각 웹사이트에 추가된 '/docs' 폴더 속에서 숨바꼭질하듯 자신을 찾아줄 것을 요구한다.

그런데 여기서 문서는 이미 언제나 변질되는 것으로 나타난다. 시청각의 공동 운영자이자 시청각 문서의 편집자로서 이번 전시를 기획한 안인용은 "시청각 문서는 문서로서는 이미 실패한 시도다"라는 문장으로 『/도큐먼츠』의 전시 서문을 시작한다. 그에 따르면 문서는 문장과 생각을 전개시키고 현실을 움직일 수 있는 선형적 시간이라는 무대를 박탈당하고, 시작도 끝도 없는 미디어 공간 속에서 산산조각 난 채 무의미하게 떠다닌다. 그럼으로써 문서는 동사가 될 기회를 얻지만—그것은 차원을 옮겨 다니며 '스크롤한다', '소비한다', '언뜻 본다'를 거쳐 '전시한다'에 이르고, 거기서 다시 '몸에 눌리고 발에 밟힌다'와 '이것저것 꺼내본다'와 같은 다양한 행위들을 매개하는데—이를 통해 자신을 변질시키는 시간의 누수를 막을 수 있으리라고 낙관하지는 못한다.[11]

이러한 인식은 지난 2년간 벌어진 여러 가지 일

---

11 안인용, 『/도큐먼츠』 전시 서문, 시청각 웹사이트 '전시' 항목.
http://audiovisualpavilion.org/ 이 글의 확장된 버전으로 『시청각 도서 II: 시청각 문서 1-[80]』, 스노우맨북스, 2015년, vi쪽 참조.

『시청각 도서 II: 시청각 문서 1-[80]』
2015
소목장 세미의 「인테리어형 녹음 세트」에 비치된 모습

들이 누적된 결과가 아니라 오히려 그 반대에 가깝다. 2013년 11월에 작성된 시청각 문서의 서문은 "기록한다는 것은 하찮은 일이다"로 시작해서 "이곳에서 우리는 모두 그저 순진한 관람객이자 하찮은 관찰자이자 우스운 수집가라고 해두자"로 끝난다.[12] 총 17편의 시청각 문서는 도합 80페이지, 1센티미터가 조금 못 되는 두께의 덩어리로 남았을 뿐이다. 이 책은 스스로 책을 참칭할 수 없다는 듯이, 자신의 뿌리 깊은 하찮음을 조금도 숨길 생각이 없다는 듯이 그저 벌거벗은 문서가 집적된 형태로 마무리되었다.

　　하지만 이 하찮음의 역사는 좀 시간을 들여 살펴볼 가치가 있다. 시청각의 작은 별채에 설치된 윤지원의 영상 작업 「무제(문서 시청)」은 아마도 좋은 출발점이 될 것이다. 이것은 다양한 주제어에 따라 미리 촬영 또는 수집되어 영상 제작용 소스로 공급되는 '스톡 푸티지(stock footage)'만으로 만들어진 영상이다. 각각의 스톡 푸티지는 떠오르는 해, 나무, 꽃, 우주, 다양한 포즈로 움직이는 사람들 등을 기록한 일종의 문서지만, 그것들은 기록물로서의 의미가 깨끗이 탈색된 채 일종의 동적인 상형문자처럼 데이터베이스를

12　안인용, 「N」, 시청각 웹사이트 '문서' 항목. http://audiovisualpavilion.org/wp-content/uploads/2013/11/AVP_document_0.pdf 이 글은 『시청각 도서 II: 시청각 문서 1-[80]』, 1~2쪽에서도 확인할 수 있다.

이루고 필요에 따라 다양하게 선별, 배치된다. 「무제 (문서 시청)」은 이 같은 문서의 단편들을 어떻게 재배치한들 유의미한 연쇄를 이루게 할 수 있을지 의구심을 표하면서, 얼마든지 계속 나열할 수 있는 스톡 푸티지들의 행렬을 잠시나마 함께 바라볼 것을 권한다.

　　이 같은 시간의 불가능성, 또는 문서에 대한 불신, 말하자면 문서가 시간을 구축하는 분절과 조립의 단위로서든 아니면 다른 시간으로의 출구를 내는 계기로서든 유의미하게 작동하지 못하리라는 의혹은 언제부터 발생한 것일까? 문서는 언제부터 이렇게 공기 중을 떠다니다가 적당히 쌓여서 뒹구는 먼지 덩어리 같은 것이 되었을까? 분명 문서의 가치가 급락하는 불연속면이 어딘가 존재해야 한다. 하지만 그것은 공통의 시간 속에서 모든 사람들을 가로지르는 어떤 수평선이 아니라, 바로 그런 공통의 시간이 휘발된 곳에서 각자의 타임라인에 출몰하거나 또는 출몰하지 않는 낮과 밤의 흐릿한 경계에 가깝다. 이를테면 윤지원의 타임라인을 조금만 앞으로 감아보자. 2012년 8월, 윤지원은 공간 꿀에서 『돌과 땅』이라는 단체전 또는 조금 특이한 형태의 개인전을 열었다. 작가가 쓴 전시 서문을 약간 자의적으로 편집해서 인용하자면, 그것은 다음과 같은 전시였다.

　　2010년대 한국이라는 시공간의 현대미술은 어

떤 지속의 가능성을 지니고 있을 것인가. (…)
공간 꿀의 계약 만료로 인한 폐관 6개월여를 앞
두고 (…) 연기로 꿀 공간을 채워 문자 그대로
'한치 앞을 보지 못하는' 환경에서 (…) 우리가
접하고 있는 현대미술의 전제 조건들을 의심하
는 동시에, 우리가 상상하지 못하는 방식으로
재편될 앞날의 미술에 대한 상을 그려볼 단초들
을 제공해보고자 한다.[13]

여기서 윤지원은 기획자를 자처하며 다른 미술가 동
료들과 함께 일련의 비미술가들을 소개하는 전시를
만들었다. 종이접기에서 인쇄 출판, 학문적 연구, 극영
화와 다큐멘터리 제작, 전시 기획과 공연 기획에 이르
는 다양한 활동들이 '미술 작업이 아닌 것'이라는 공통
점으로 묶여 '무엇이 미술을 만드는가'라는 질문을 제
기했다. 여기 모인 '비미술'의 사례들이 이벤트의 구성
과 기록, 시각적 조형과 담론 생산의 영역들에 느슨하
게 걸쳐진 것은 우연이 아니다. 전시는 "'미술계'의 창
작 기반과 인정 체계에 작업의 운명을 맡기지 않는 전
문적 창작 행위"를 미술의 미래에 대한 하나의 극단적
시나리오로 제시하면서, 이를 계기로 미술을 둘러싼

13 「소개」, 『돌과 땅』 텀블러. http://stone-and-land.tumblr.
com/post/30091135725/introduce

조건과 경계들이 얼마나 유연하고 또 얼마나 견고할 수 있을지에 관해 이야기하고자 했다.

결과적으로 전시 공간 안팎은 어떤 담론적 출구로서의 문서들과 그런 문서들을 향한 접근로들로 채워졌다. 윤지원은 우아름과 함께 모든 참여자를 인터뷰하여, 요즘 사는 이야기부터 어떻게 작업을 계속해 나갈 수 있을 것인가에 이르기까지 그 시간의 단편들을 충실히 기록하고 인터넷으로 공유했다. 전시장 1층에는 인쇄물 또는 인화물 형태의 문서들이, 2층에는 영상 작업 또는 동영상 자료들이 구비되어, 공간 꿀은 으슥한 뒷골목에 일시적으로 개설된 허름한 불법 도서관 같은 모습으로 변했다.

돌이켜보면 2012년의 『돌과 땅』은 여러 모로 2015년의 『/도큐먼츠』를 거꾸로 뒤집어놓은 듯하다. 후자가 문서의 위기와 직면하여 미술을 통한 문서의 변질 또는 극단적인 비문서화에 일말의 희망을 건다면, 전자는 미술의 위기와 직면하여 문서를 통한 미술의 변질 또는 극단적인 비미술화에 일말의 희망을 건다. 그리고 여기 참여한 '비미술가' 중에 이 같은 기획 의도를 가장 잘 이해하고 그에 동조한 이들은 아마도 미디어버스의 구정연과 임경용이었을 것이다. 두 사람은 공간 꿀의 1층 전시장에 「공통의 목록(List of the Commons)」이라는 소규모 출판물 라이브러리를 설치하여, 그간 미디어버스가 수집한 다양한 인쇄물을 취합, 공개했다.

　　각자 미술과 영화 쪽에서 기획자로 일하던 구정
연과 임경용은 2007년 소규모 출판사 미디어버스를
만들고 (2008년 아트선재센터 1층에서 운영된 서점
'더 북스'를 거쳐) 2010년부터 서점 겸 프로젝트 스페
이스 '더 북 소사이어티'를 운영해왔다. 이들이 『돌과
땅』에서 선택한 '공통'과 '목록'이라는 단어 조합은 미
술의 경계에 얽매이지 않고, '대항' 또는 '대안'이라는
이름으로 불필요한 공성전을 벌이지 않으면서 추가적
인 레이어 또는 공론장의 가능성을 모색했던 두 사람
의 지향점을 잘 보여준다. 그것은 여태껏 축적된 문서
들이 도래할 시간을 위한 공통의 기반이 되기를, 장기
적으로 제대로 작동하는 "라이브러리"나 "리소스 센
터"를 구축할 수 있기를 바라는 미디어버스의 소망을
반영한다.[14]

　　하지만 이미 그때도 시간은 그런 식으로 누적되
는 공유지가 아니었고, 문서들이 이루는 '공통'의 범위
는 그렇게 넓지 않았다. 당시 『돌과 땅』 전시와 연계된
인터뷰를 보면, 미디어버스가 자신들이 발 디딘 '공통
의 기반'으로 거론한 것도 2000년대에 미술·디자인의

14　미디어버스 인터뷰, 『돌과 땅』 텀블러. http://stone-and-
land.tumblr.com/post/30090911587 의도한 바는 아니겠지만, 이
"리소스 센터"라는 말은 앞서 인용한 2006년 백지숙 인터뷰에서 새
인미공을 정의할 때에 사용한 단어이기도 하다.

맥락에서 문서를 전유하는 작업들을 소개하던 인미공
이나 제로원디자인센터의 활동, 아니면 영화계에서
미디어 문화를 소비 중심에서 생산 중심으로 전환하
려던 미디액트의 퍼블릭 액세스 운동 같은 것이지, 실
제로 소규모 출판의 형태로 생산된 동시대와 그 이전
의 인쇄물들이 아니었다. 문서들은 유의미한 성좌를
이룰 수 있을지 알 수 없는 채로, 정말로 라이브러리가
될 수 있을지 아니면 기념품 상자로 남을지 아직 결정
되지 못한 채로 점점이 흩어져 있었다. 「공통의 목록」
은 그 불확실한 시간을 다잡으려는 작은 시도였다. 어
떤 의미에서는 여기에 목록화된 인쇄물들, 그 자체로
문서들의 묶음인 각각의 작은 책과 잡지들도 마찬가
지였다.[15]

　　문서들은 기억되지 못한다. 그것들은 대개 사적
인 수집품 또는 기념품의 형태로 산재하면서, 각자가
놓인 시간을 기억하지도 예측하지도 못한 채로 천천
히 바래고 뒤틀어진다. 하지만 문서들이 연속해서 또
는 띄엄띄엄하게 출현하기를 멈추지 않는 한, 이 단명
의 존재들은 연약하고 거의 무질서한 연쇄를 이루면
서 시간을 가로지른다. 그 연쇄의 끝에 이를테면 2015

---

15 「공통의 목록」의 목록 자체는 인터넷으로도 확인할 수 있다.
2012년 이후 추가적인 업데이트는 없었던 것으로 보인다. http://
library.mediabus.org

년 11월 일민미술관에서 열린 제7회 언리미티드 에디션 '서울아트북페어 2015'가 있고, 2013년부터 2015년까지 문서의 생산과 병행해서 이루어진 시청각의 기획 전시들이 있다. 시청각의 공동 운영자인 안인용과 현시원은 2006년부터 『워킹매거진』이라는 작은 잡지를 내면서 그와 연계하여 책과 전시들을 만들어 왔다. 두 사람의 출판물들은 2012년 미디어버스가 고른 '공통'의 목록에 들어가지 않았지만, 각자가 이루는 산발적인 연쇄는 더 북 소사이어티와 시청각이 각각 2013년 10월과 11월에 자하문로를 사이에 둔 동네 주민이 되면서 자연스럽게 조우했고, 이 만남은 2014년 6월 '오프스쿨'이라는 스터디 모임으로, 2015년 5월 시청각 전시 『메가스터디(*Megastudy*)』로 이어졌다.

구정연, 김해주, 우현정, 윤지원, 임경용, 현시원으로 구성된 오프스쿨은 각자 관심 분야를 공부하고 그 내용을 나누는 작은 소모임이다. 『메가스터디』는 이들이 공동 기획한 전시로, 미술가, 음악가, 디자이너, 무용가, 영화감독 등의 다양한 예술가들과 함께 도대체 '예술'을 가르치고 배운다는 것은 어떻게 가능한가, 각자 어떤 시간을 거쳐 현재의 지점에 다다르게 되었는가에 관해 이야기하고자 했다. 따라서 전시 자체보다도 그에 수반된 문서의 비중이 더 커진 것은 자연스럽다. 일반적인 세미나 자료처럼 컴퓨터 출력물을 스테이플러로 찍어서 파일 책에 끼워 넣은 형태로 제작된 이 책자는 오프스쿨 멤버들이 전시 참여 작가들을 인터뷰한 내용으로 채워졌다. 하지만 인터뷰의 내용은 주로 단순히 정보를 전달하는 책과 문서가 학습의 도구로서 얼마나 제한적이고 미약한가 하는 것이다.

여기서 구정연과 임경용은 같은 오프스쿨 멤버이자 참여 작가인 윤지원의 인터뷰를 맡았다. 『돌과 땅』 인터뷰 이후 3년 만에 역할을 바꾼 세 사람의 대화는 어떤 점에서 변함이 없고, 또 어떤 점에서 돌이킬 수 없이 변했다. 이를테면 2012년 『돌과 땅』에 참여한 미디어버스의 「공통의 목록」은 "목록의 속성이 그러하듯, 완결된 것처럼 제시된 라이브러리는 읽는 이의 선택과 그 순서에 따라 자유롭게 재구성되면서 n개의 내용을 발생시켜 갈 것"이라고 소개되었지만,[16] 2015년 『메가스터디』에 참여한 윤지원의 「무제(스톡 푸티지 라이브러리)」는 그와 같은 희망의 관성을 지속하지 못한다. 문서들이나 그에 대한 상호작용은 쉽사리 의지하거나 기대할 수 없는 좀 더 수수께끼 같은 것으로, 조금은 낯설어진 것으로 이야기된다.

가끔 어떤 걸 보면 정리된 생각들이 헝클어지는

---

16 미디어버스 인터뷰, 『돌과 땅』 텀블러. http://stoneandland. tumblr.com/post/30090911587

듯한 느낌이 드는데, 스톡 푸티지의 존재와 유
통 방식을 보고 그런 느낌이 들더라고요. (…)
지금의 환경에서 엄청나게 증식하고 있는 이 무
빙 이미지가 뭔지 생각해볼 필요가 있다고 여
기는 거고, (…) 검색 오리엔티드-신체랄까요,
웹-서핑 오리엔티드 신체랄까요, 저 자신도 이
렇게 변해가고 있다고 느끼는데, 여기에 저항할
필요를 좀 느껴요. 기억력을 잘 사용 안 하게 되
고, 말초적 자극을 위해서 계속해서 의미 없는
정보를 보고, (정보를 느끼는 거에 가까울 수도
있겠네요) (지금도 인터뷰 답을 작성하다가 몇
번이나 다른 탭으로 튀어나가 쓸모없는 뉴스를
보고 유튜브 클립을 바꾸고 그래요.)[17]

이 같은 변화를 그저 디지털 미디어의 효과라고 말하
거나 그 치료제로 종이 책과 도서관을 제안하는 것
은 다소 게으른 접근이다. 정보 과잉과 그에 따른 중
독은 그저 디지털 미디어만의 부작용이 아니다. 인
쇄 시대의 정보 중독에 관해서는, 이를테면 구스타브
플로베르의 1881년 작 『부바르와 페퀴셰(*Bouvard et
Pe'cuchet*)』를 한번 훑어보기만 해도 충분할 것이다.

17　윤지원 인터뷰,『메가스터디』, 전시 소책자, 시청각, 2015년, 쪽
수 표시 없음.

무엇이 우리의 시간을 만들고 또 부수는가 하는 질문
은 더 조심스럽게 다뤄져야 한다. 인쇄의 '물성'과 디
지털 정보의 '느낌'은 둘 다 문서의 어떤 읽을 수 없는
측면에서 비롯된 매혹이자 정보의 폭풍 속에서 비스
듬하게 미끄러진 결과라는 점에서 동일하다. 어쩌면
그건 우리 신체가 쏟아지는 정보의 압력으로부터 자
신을 방어하기 위해 만들어내는 일종의 마약이라고
해야 할지도 모른다. 그것은 불현듯 속도를 멈추고 우
리가 무언가 잊어버린 것이 아닐까 하는 의구심을 자
아낸다. 그리고 이 감정이 의구심의 상태에 머무르는
한—다시 말해 그것이 가상의 과거에 대한 향수나 현
재에 대한 절망으로 확정되지 않는 한—그 흔들림 속
에는 언제나 새로운 시간의 노선이 출몰할 여지가 숨
어 있다.

문서는 무엇을 할 수 있는가? 이 질문은 아주 구
체적인 답을 요구한다. 이를테면 공간이 협소한 시청
각에서 문서는 언제나 보조 전시장의 기능을—작업
을 더 설치할 공간이라기보다는 관객이 작업 주변을
맴돌면서 두리번거릴 수 있는 추가적인 시점의 공급
처로서—겸해왔다. 아마도 이 같은 경험이 2015년
10월의 전시 『무브 앤드 스케일(Move & Scale)』의 밑
바탕이 되기도 했을 것이다. 전시는 여기저기 옮겨다
니면서 끊임없이 물리적 제약과 협상하고 투쟁하며
때로 패배하는 "작품의 생애"를 살피고자 했는데,[18]

실제로는 작품뿐만 아니라 작가들의 몸과 마음, 더 나아가 시청각이라는 공간이 거쳐온 저마다의 궤적들이 시공간의 한 지점에서 잠시 교차하는 모양이 되었다.

전시를 기획한 현시원은 여기에 더하여 "작가 한 명마다 분리되어서 제 운명에 따라 이동할 수 있는" 8쪽 분량의 "얇은 책"들을 만들었다.[19] 그것은 다시 흩어질 미래를 위한 공간을 가늠하고, 그곳에서의 알 수 없는 여정을 함께할 작은 길동무를 예비하려는 시도다. 작가들은 작업의 이동을 위한 실용적인 매뉴얼에서 자신이 거쳐온 시간의 기록에 이르기까지 다양한 방식으로 이 지면을 이용했지만, 그중에서도 유독 눈에 띄는 것은 김민애의 지면이다. 그는 7년 전 개인전을 위해 각목을 깎아서 만들었던 「바람낚시」라는 기다란 바람개비의 몸통을 시청각에 다시 갖다놓고, 그것을 완성시킬 바람개비 날개의 전개도를 자신에게 주어진 지면의 마지막 페이지에 인쇄했다. 이메일로 주고받은 작가와 기획자의 대화는 바람개비 위에 투명하게 떠 있다. 문서는 용감하게, 다시 바람을 잡아타고 흩어질 준비를 한다. 그것은 보기 드물게 아름다운 풍경이다.

---

18 현시원, 「무브 앤드 스케일」, 『무브 앤드 스케일』, 전시 소책자, 시청각, 2015년, 1쪽.

19 「김민애」, 위의 책 3쪽에서 현시원의 말.

3장
제도가 유령이
될 때

오늘날 기억상실이 문제가 되는 것은 모두가 모든 것을 잊어버리기 때문이 아니라 기억이 서로 분리된 것들을 연결하지 못하기 때문이다. 서로 다른 세대와 사람들 사이에서, 더 나아가 한 개인이 겪은 서로 다른 시간들 사이에서도, 기억들은 유의미한 관계를 이루지 못한 채 방치되거나 그 반작용으로 물신화된다. 파편화된 시간들은 현재라는 용광로 속에서 다채로운 무늬를 이루며 녹아내리지 못하고 날카롭게 부서진 형상 그대로 범람하면서 천천히 떠내려간다. 이런 시간들 속에서는 미술이 아니라 다른 무엇이라도 총체적 제도를 유지하기 어렵다. 기억상실은 미술 제도를 좀먹는다.

　　물론 미술 제도는 자체적으로 어떤 종류의 선택적 기억상실을 방조함으로써 미술의 역사를 구축해왔다. 하지만 이때의 기억상실은 그렇게 상실되어서는 안 되는 것을 가려내고 강화하기 위한 수단이었다. 여러 세대에 걸친 사회 구성원들에게 공통의 문화적 유산과 가치를 각인한다는 것은 대단히 인위적인 활동이다. 더구나 지속적인 변화를 통해 존속하고 확장되어온 현대 세계에서, 공식적 역사와 그에 기반한 공통의 기억은 언제나 공들여 가꾼 인공물로만 존재할 수 있었다. 이처럼 과거의 문화적 기억을 현재와 미래로 이어주고 그럼으로써 문화의 연속성과 공통성을 관리하는 것은 애초에 미술 제도가 성립하게 된 주요한 목적 중 하나였다.

그럼에도 앞 장에서 살펴본 것처럼, 기억의 매개체들은 종종 자기 존재를 기억하는 데 어려움을 겪는다. 미래주의 선언문이 모든 박물관과 도서관을 불태울 것을 요구한 이래, 지난 100여 년간 기억을 매개하는 장치와 기관들은 비약적이고 거의 역설적인 변화를 감내해왔다. 한편에서 이미 존재하는 것들을 존중하는 전통주의적 가치관이나 그에 기반한 보수적 제도의 장막이 벗겨져나가는 동안, 다른 한편에서는 기억을 보존하는 기술들이 놀라운 속도로 혁신되면서 그 자체로 새로움에 대한 애호와 결합했다. 그 사이에서 기억의 중개자들은—대중매체와 미술 제도를 불문하고—그 자체가 상호 경쟁과 세대 교체의 압력 속에서 언제 어떻게 구시대의 유물로 전락할지 모르는 만성적 위험에 시달렸다.

오늘날의 미술관은 바로 이 같은 여러 겹의 압박 속에서 형성되었고, 지난 세기의 종언과 함께 찾아온 '과거'의 갑작스런 유행과 더불어 전 세계적으로 새로운 전성기를 맞이했다. 그렇지만 이를 두고 과거의 영광이 되돌아왔다고 말하기는 어렵다. 오히려 미술관은 우리 세기의 가장 새롭고 미래적인 공간 중 하나다. 그것은 과거와의 단호한 결별을 주장하던 지난 세기의 정신을 헌신적으로 보존하면서, 스스로 그에 걸맞게 끊임없는 자기 갱신에 매진한다. 오늘날 미술관이 과거의 수호자라는 말은 과거를 가장 첨단의 형태로 재발명한다는 의미에서만 성립할 수 있다. 그것은 과거를 정화하면서, 무엇보다도 미술관 자신의 과거를 태워 없애면서 미래로 나아간다.

　미술관은 여전히 미술 제도의 상징적 거점이지만, 그것은 더 이상 '미술'이라는 이름에 걸맞는 모든 것들을 수집하고 분류하는 최종 종착지가 아니다. 지난 수십 년 동안 전 세계에 수많은 신흥 대도시들이 부상하고 거기에 다시 수많은 미술관들이 — 심지어 프랜차이즈 형태로 — 만개하는 상황은 차라리 100여 년 전 영화관이 현대 대도시의 필수요소로 우후죽순처럼 번져나가던 시절을 상기시킨다. 미술관들은 미술을 유통하는 국제적 네트워크의 일부인 동시에 미술 제도가 대중매체와 접합되는 최전선으로서, 오늘날 미술 제도의 혼성성과 분산성을 가장 생생하게 보여준다. 여기서 추구되는 것은 총체성이 아니라 차별성이고, 자족성이 아니라 적합성이다.

　자신을 둘러싼 외부 환경에 부응하여 제각기 살

아갈 방법을 모색하는 수많은 기관들의 집합으로서, 오늘날 미술 제도를 묶어주는 하나의 우산은 없다. 비교적 구체적인 목적을 가지고 돌아가는 대규모 기관들과 그보다 유연하고 가변적으로 돌아가는 소규모 미술공간들은 더 이상 '미술'에 대한 공통의 역사나 기억으로 매개되지도 않고 그 '미술'을 결정하는 하나의 척도를 두고 다투지도 않는다. 오히려 이들은 제각기 비미술의 영역들과 대면하여 반복적으로 동일성과 차이를 확인하면서 — 이를테면 대형 미술관들은 TV 방송국이나 대기업들과, 작은 미술공간들은 소규모 서점이나 공연장들과 일시적으로 연결되고, 그들 대다수가 인스타그램과 페이스북에 상시 접속하면서 — 각자의 정체성을 만들어간다. 미술과 미술이 아닌 것, 시기적절한 것과 시대착오적인 것의 모호한 경계에서, 이들은 각자의 시간을 이어나가기 위해 분투한다.

미술관의
작은 역사

미술관의 시간은 그 자체로 하나가 아니다. 국립현대
미술관을 생각해보자. 그것은 신성화된 계보로서의
미술사와 그보다 넓은 의미의 근현대사, 하나의 이상
으로서의 보편사와 그에 결부된 외전으로서의 지역
사 사이에서 봉합 불가능한 균열들을 집어삼켜왔다.
1969년 경복궁미술관(구 총독부미술관)에서 1973
년 덕수궁미술관(구 이왕가미술관)으로, 그리고 다시
1986년 과천관에서 2013년 서울관으로 확장되어온,
아직 반 세기도 미처 채우지 못한 국립현대미술관의
시간은 그렇게 선명하지도 일원적이지도 않다. 그것
은 어떤 절대적 가치를 지키는 근거지이기 이전에 언
제나 다른 무언가의 효과로서 발생하고 어딘가 다른
곳의 파도를 매개했다.

    초기에 국립현대미술관은 한편으로 박물관과
의 차이 속에서, 다른 한편으로 정부와 미술가들 간의
다툼 속에서 형성되었다. 정부는 미술관과 박물관이
민족문화를 함양하는 동종의 기관이라고 여겼고, 그
래서 관리의 효율을 위해 여러 차례 통합을 시도했다.

반면 미술가들은 언제나 전통문화의 결정체로서 고미술 또는 미학화된 형태의 과거를 보존하는 박물관으로부터 미술관을 떼어놓으려고 애썼다. 애초에 '미술관'이라는 이름이 처음 쓰이기 시작하던 때부터, 그것은 무언가 현대적인 것, 외래적이고 외향적인 것으로서의 미술을 전파하고 함양하는 곳으로서 '박물관'과 구별되었다. 결과적으로, 바로 이 불투명한 '미술'이 생산되고 규정되는 현장으로서 대한민국미술전람회(이하 '국전')를 넘겨받고 그 일시성과 반복성을 넘어서는 것이 처음 10여 년 동안 국립현대미술관의 주된 임무가 되었다.[1]

　　국립현대미술관이 좀 더 총체적인 관점에서 미술 창작을 지원하고 한국 현대미술을 조망하는 종합적인 연구 교육 기관을 지향할 수 있게 된 것은 실질적으로 1980년대부터다. 최초의 민간 전문 관장으로 1980년대부터 1990년대 초반까지 국립현대미술관 과천관 건립과 운영을 이끌었던 이경성은 당시 자신의 입장을 다음과 같이 회고한다.

　　국립현대미술관장이라는 자리는 한 나라의 미술 문화를 선도하는 중심적인 위치이다. 그러므

1　　조은정, 「끊임없는 공간에의 분투, 한국 미술관의 역사」, 『한국 미술 전시 공간의 역사』, 김달진미술자료박물관, 2015년, 40~59쪽 참조.

로 무엇보다도 한국 현대미술의 흐름을 정확히 파악하고 또한 보다 앞서 나아가는 세계 미술의 흐름을 파악하여 그것을 우리의 미술 세계에 알리고 접목시켜야 한다. (…) 사실 나는 국립현대미술관을 운영하는 데 있어서 '앞만 내다보고 가자, 뒤는 보지 말자'는 지침을 가지고 있었다. (…) 과거의 그림은 비싼 것이 보통이다. 예를 들면 우리 미술관의 1년 예산을 가지고 인상파 그림 단 한 점도 살 수 없다. 그런 의미에서 유망한 젊은 작가의 그림을 중심으로 하여 미래지향적으로 앞만 바라보고 전진하자는 것이다. 발굴하고 개발하고 전진하다 보면 뒤는 자연히 언젠가 누군가에 의해서 정리되게 마련이다.[2]

새로운 국립현대미술관은 문자 그대로 동시대적 시간에 천착했다. 과거와 현재의 시차보다도 지금 여기와 저기 세계의 시차를 극복하고 동시대성을 획득하는 것이 미술관의 중요한 과제가 되었다. 1986년 과천관이 개관하고 얼마 안 있어 국립현대미술관의 '현대미술'이 영문으로 '모던 아트'에서 '컨템포러리 아트'로 변경된 것은 우연이 아니다. 이 동시대적 시간 속에

2   이경성,『어느 미술관장의 회상: 미술은 모든 사람의 것이다』,
시공사, 1998년, 201~202쪽.

서 미술관은 더 이상 박물관의 변종이 아니라 차라리 1984년 개장한 서울올림픽경기장의 느슨한 부속물로서 새롭게 출현한다. 그것은 정부가 국민에게 선사하는 문화적 스펙터클인 동시에 '외국 손님'을 맞이하는 국제 교류의 장으로서 스포츠 이벤트를 보충하도록 요구되었다.[3]

하지만 1986년 서울 아시안게임 개막일에 맞추어 간신히 개막한 국립현대미술관 준공개관기념전은 단순한 축하 행사가 아니었다. 개관 직전에 사망한 김세중 관장이 준비해놓은 네 개의 개관전 『한국 현대미술의 어제와 오늘』, 『프레데릭 R. 와이즈만 컬렉션전』, 『프랑스 20세기 미술전』, 『'86 서울 아시아 현대미술전』은 각각 한국, 미국, 프랑스, 아시아라는 네 개의 지역, 네 개의 시간을 통해 '오늘의 세계 미술'을 바라본다. 이들은 각기 다른 미술사를 써내려갈 가능성들을 대표하는 동시에, 그 모든 미술들을 아우르는 보편적 미술사의 불가능성을 시사한다. 그것은 통합 불가능한 이질적 개체들이 소란스럽게 병치되고 뒤섞이는 새로운 시공간의 도래를 알린다. 같은 해 백남준이 국립현대미술관에 선물한 1003대의 비디오 설치 작업 「다다익선」이 송출하는 메시지도 정확히 그와 같다.

---

3   양은희, 「기억, 욕망 그리고 스펙터클: 국립현대미술관 만들기」, 『현대미술사연구』, 제22집, 2007년, 167~198쪽 참조.

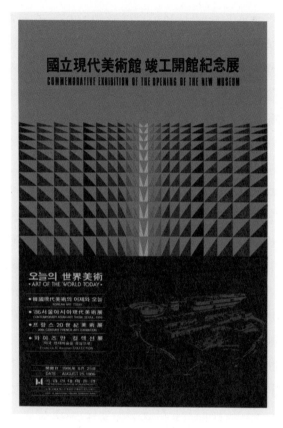

『국립현대미술관 준공개관기념전』 포스터
1986

이 시기에는 미술관뿐만 아니라 국가 전체가 '가장 한국적인 것'에서 '가장 세계적인 것'으로 비약하고자 했다. "88년도 이후 폭증하기 시작한 국제 문화 교류는 4년간의 교류량이 정부 수립 이후 40여 년간의 교류량을 능가할 정도"가 되었다. 그 이후는 더 이상 과거와 비교하는 것이 큰 의미가 없다. 1990년대부터 2000년대까지의 시간을 논하려면 별도의 책이 필요할 것이다. 일단 여기에서는 그 20년을 1969년부터 미술관을 관리해온 문화공보부가 1990년 공보처 기능을 분리하여 문화부로 단독 출범하고, 1993년 다시 문화체육부로 합병되고 — 이 시기 '문화·체육'은 공보의 수단을 넘어 "국가 발전의 두 수레바퀴 중의 하나"로 상찬되는데 — 1994년 관광국을 이관받아 1998년 문화관광부로 확장되고, 2008년 다시 공보처 기능과 통합되어 문화체육관광부로 재편되기까지의 시간으로 기억해두자.[4]

이 시간의 끝에서 2009년 국립현대미술관 서울관 건립이 추진되기 시작했을 때, 미술가들과 정부의 입장은 다시 한 번 충돌했다. 미술가들, 특히 평생 동안 국립현대미술관을 지켜봐온 노대가들은 여태껏 충족되지 못했던 미술관의 오랜 꿈이 이뤄지기를, 일국

---

4   오양열, 「한국의 문화 행정 체계 50년」, 『문화정책논총』, 제7집, 1995년, 62, 66쪽.

의 수도인 서울 도심에서 번듯한 국립미술관을 볼 수
있기를 기대했다. 여기서 미술관이란 기본적으로 국
가가 관리하는 미술의 영묘이자 시민에게 개방된 아
늑한 공원으로, 일종의 미술 현충원 같은 것으로 상상
되었다. 반면 문화체육관광부는 서울관 개관을 국립
현대미술관의 민영화를 위한 신호탄으로 인식했다.
이제 미술관도 재정 자립도를 높이고 경영의 자율성
을 확보하여 일국의 정부 산하기관이 아니라 전 지구
화된 문화 시장의 일원으로 활약해야 하며, 서울관은
이러한 혁신을 선도하는 국립현대미술관의 플래그십
이 되어야 한다는 것이었다.[5]

　　　결과적으로 양쪽의 꿈은 모두 무산되었다. 국립
현대미술관을 특수법인으로 분리시키려는 계획이 국
회를 통과하지 못하면서, 서울관은 정규적인 운영 조
직을 구성하지 못한 채 한시적인 전문 계약직을 동원
하여 간신히 개막 일정을 맞추었다. 하지만 미술관이
국가의 후원 아래 문화적 수요와 공급의 시장을 초월
하는 것이 아니라, 바로 그 시장 안에서 자신의 존재
가치를 입증해야 한다는 메시지는 분명하게 전달되었
다. 결과적으로 2015년 현재 서울관은 여전히 문화체
육관광부에 속하지만, 미술관의 정체성은 공공기관과

5　심상용, 「국립현대미술관 특수법인화를 정당화하는 담론들 다
시 읽기」, 『현대미술학 논문집』, 제16집, 2012년, 121~169쪽 참조.

공보기관 또는 누구라도 돈을 낸 만큼 사용할 수 있는 홍보 기관 사이를 불안하게 오르내린다. 정부 지원의 공공성이 뿌리부터 흔들리면서, '국립' 현대미술관이 라는 기관의 명칭은 더 이상 '한진해운' 박스 프로젝트 나 '현대차' 시리즈처럼 후원업체명을 내세운 전시의 명칭들과 특별히 달라 보이지 않는다.

오늘날 정부와 기업을 막론하고 미술관을 후원 하는 것은 국제적인 스포츠 팀을 후원하는 것과 유사 한 전 지구적 브랜드 마케팅의 일환이 되어간다. 여기 서 후원사, 미술관, 관람객의 관계는 광고주, 방송국, 시청자의 관계와 크게 다르지 않다. 미술관들은 여러 미디어 채널 중의 하나로서 미술가를 섭외하여 자체 콘텐츠를 생산하거나, 아니면 미술 외적인 소스를 미 술관에 고유한 콘텐츠의 형태로— 말하자면 확장된 의미의 '전시'로—가공해서 공급한다. 후원사들은 유 력한 미술관을 후원하거나 심지어 전시 주인공으로 등장함으로써 직간접적으로 브랜드 이미지를 높이고 자 하며, 홍보 효과를 기대한다는 점에서는 기업이나 정부나 별 차이가 없다. 이처럼 홍보의 기능이 미술관 을 움직이는 에너지원이 되면서, 관람객은 오로지 그 숫자로서 미술관의 역량을 입증하는 성과의 단위로 변모한다.

가깝고도 극적인 예로, 2015년 여름 국립현대 미술관 서울관에서 열린 광복 70주년 기념 전시 『소란

스러운, 뜨거운, 넘치는』을 잠시 되짚어보자. 이 전시
는 한국전쟁과 분단을 다룬 '소란스러운', 산업화와 민
주화의 과정을 다룬 '뜨거운', 세계화된 오늘을 다룬
'넘치는'이라는 세 개의 섹션으로 구성되어, 한국의 근
현대사를 시대순으로 훑어나가면서 과거부터 현재까
지 우리 사회를 관통하는 쟁점들을 차례로 조망했다.
1904년생 이응노에서 1983년생 오재우에 이르기까지
참여 작가 110여 명의 250여 작품으로 이루어진 이 대
규모 전시는 지난 반 세기 동안의 한국 현대미술사 전
체를 문화적 기억의 지평 속에서 재구성하려는 야심
을 보여준다.

　　하지만 광복 70주년 기념을 명목으로 서울관을
포함한 광화문 일대가 온통 초대형 태극기와 크고 작
은 태극기 조형물로 뒤덮였던 지난 8월의 풍경 속에
서, 그 모든 역사와 기억의 매개체로서 미술 전시는 국
가 홍보와 국가 정체성 강화를 위한 구시대적 공보 활
동의 최신식 사례로 함몰되고 만다. 전시된 작업들이
각각의 힘으로 그에 저항하기를 기대해볼 만도 하지
만, 의도적으로 과밀하게 꾸며진 전시장 내에서 전시
물들은 끊임없이 서로의 목소리에 끼어들며 소란스럽
고 뜨겁고 넘치는 어떤 역동적 분위기 속으로 녹아버
린다. 그 결과는 다소 강박적으로 느껴질 정도로 지나
치게 긍정적이고 몰입적인 한 편의 판타스마고리아로
나타난다. "모든 것이 이제 다 무너지고 있어도" "바

로 지금" "바로 여기"에서 "새롭게 도전"할 것을 꿈꾼 다는— 심지어 '환상 속의 그대'라는 제목의— 20여 년 전 노래 가사로 마무리되는 전시 서문은 미술관이 놓인 지금 여기의 시공간이 아니라 21세기를 상상하던 20세기 말의 어느 시점에서 길을 또는 기억을 잃은 듯이 보인다.[6]

　　여기서 미술은 너무나 유연하게 우리를 이곳저 곳으로 실어나른다. 그것은 스스로 신화화되기를 포 기하고 국가를 신화화하는 매개체로서, 또는 언제나 '매우 만족'에 체크하기를 요구하는 이 도시의 서비스 품목 중 하나로서 정해진 시공간을 채운다. 그렇기 때 문에, 그것은 어느 지점에선가 반드시 '미술'일 필요가 없게 된다. 서울관이 해외 유명 미술가의 최신 전시부 터 패션, 영화, 음악, 건축 이벤트에 이르기까지 다양 한 분야를 망라하는 복합 문화 공간으로 특성화된 것 은 임의적인 선택의 결과가 아니다. 2010년대 한국에 서 줄지어 개관한 대규모 시각예술 관련 기관들은 모 두 공공연하게 미술을 넘어설 것을 약속한다. 문화역 서울 284(2011년 개관), 국립현대미술관 서울관(2013 년 개관), 서울시립 북서울미술관(2013년 개관), 서울 동대문디자인플라자(2014년 개관), 광주 아시아문화

6　「소란스러운, 뜨거운, 넘치는」, 전시 소책자, 국립현대미술관, 쪽수 표시 없음.

전당(2015년 개관)은 전부 복합 문화 공간을 표방한 다. 이들은 기존 미술관의 분관이 아니라면 애초에 '미 술관'이라고 칭하지 않으며, 부득이 그 명칭을 쓰더라 도 여태까지의 미술관과는 다를 것임을 누누이 강조 한다.

　　미술은 가장 급진적으로 자기 변혁을 꾀하는 동 시에 가장 보수적으로 자기 신화화를 추구하면서 오 래도록 자기 자신과 싸워왔다. 미술가들은 이 같은 자 기모순적 역사의식을 짊어진 채로 미술과 가장 동떨 어진 것들을 향해 순례했고, 그들의 응시 속에서 '미술 이란 무엇인가?'라는 질문을 읽어냈으며, 그로부터 다 시 미술의 집으로 돌아가는 길을 찾아냈다. 그러나 오 늘날의 미술관들은 스스로 유연하게 몸을 확장해서 비미술과 눈도 마주치기 전에 그것을 집어삼켜 버린 다. 어느덧 미술의 타자로서 비미술이란 그 자체로 구 시대적 범주가 되어버린 듯하다. 비미술들은 스스로 말할 수 있고, 미술관들은 그 목소리를 뽑아내는 데 거 리낌이 없으니, 미술이니 비미술이니 하는 경계는 이 제 정말로 별 의미가 없는지도 모른다.

동굴의 우화

그럼에도 경계는 나타난다. 또는 적어도 어떤 앞면과 뒷면이 있다. 이를테면 서울관은 서울의 앞면이고, 전시동은 서울관의 앞면이다. 보이기 위한 면이자 연출된 면, 상업적 가치가 있는 면으로서, 오늘날 앞면은 과거에 비해 엄청나게 중요해졌고 또 거대해졌다. 어쩌면 이제 그것은 뒷면이 없고 그림자가 지지 않는 순수하고 완전한 앞면을 꿈꾸는 듯하다. 그래서 서울관은 미술을 보존하는 수장고로서의 기능을 통째로 이전시키고 자기 자신을 사방이 뚫려 있는 끝없는 무대로서 연출한다. 그것은 360도 회전시킬 수 있는 얼굴, 모든 각도에서 포토제닉한 다면적 얼굴로서 서울이 꿈꾸는 미래를 예시한다. 그것은 모든 것이 볼거리가 되는 세계, 어떤 관광객도 만족시킬 수 있다고 주장하는 해가 지지 않는 세계다.

하지만 모든 곳이 이미 무대이고 언제나 낮이 계속되는 세계에서 마음 편하게 몸을 누이기는 점점 더 어려워진다. 미술관이 더 이상 미술의 집이 아니듯, 도시는 더 이상 인간의 집이 아니다. 서울은 이미 거주를 위한 일반 기계로서의 집들을 주변 신도시로 이전시키고 남은 것들을 재배치하여 서울이라는 테마파크를 짓고 있다. 오래된 마을, 공장과 발전소, 관공서, 심지어 이미 사라진 숲과 개천, 궁궐까지도 새로운 서울의 재료로서 재건된다. 그 속에서 사람들은 관광객이 되었다가 원주민이 되고, 원주민을 연기하는 외국인 노동자가 되고, 그들을 관리하는 도급업자가 된다. 오늘의 서울을 살아간다는 것은 이미 언제나 넓은 의미의 시각예술에 연루된다는 것을 의미한다. 그 속에서 우리 자신이 어떤 이물질이라고 느낄 때, 우리는 그 자체로 도시의 뒷면에 포섭된다.

　　뒷면은 흔히 이미지를 뒷받침하는 토대, 즉 이미지 이전의 실재로서 이미지보다 고밀도의 현실성을 가진다고 여겨진다. 하지만 다른 한편으로 뒷면은 이미지가 되지 못하는 초과분으로, 이미지와 이미지 사이의 깜빡이는 어둠에 잠겨 심지어 이미지보다 희박한 것으로 취급된다. 뒷면은 보이지 않는 것과 존재하지 않는 것 사이에서 어른거린다. 잠시만 플라톤의 동굴로 돌아가보자. 그것은 일종의 영화관처럼 묘사된다. 이미지는 관객 후방의 광원을 통해 영사되고, 수감자 또는 관객은 움직일 수 없도록 "다리와 목이 쇠사슬에 묶여" 있는 채로 눈앞에 일렁이는 그림자 인형극을 본다.[7]

7　　플라톤, 『국가』, 천병희 옮김, 도서출판숲, 2013년, 384쪽.

소크라테스 또는 플라톤은 이 수감자의 사슬을 풀고 억지로 일으켜 세워 그의 뒤편에 있던 장작불과 인형들을 보여주고, 더 나아가 그를 진짜 태양과 사물들로 가득찬 동굴 바깥으로 끌어내는 것이 바로 교육의 과정이라고 이야기한다. 그 여정은 앞면도 뒷면도 없는 신성한 빛의 세계를 향한다.

하지만 우리는 이 비천한 동굴 속을 좀 더 살펴야 한다. 동굴 속에는 수감자만 있는 것이 아니다. 거기에는 인형을 부리는 사람, 동굴의 관리자가 있다. 그는 불을 피우고 인형들을 움직이며 동굴을 작동시켜야 하기에 다리와 목이 쇠사슬에 묶여 있지 않다. 그는 앞면을 만들어내는 뒷면의 일부로서 앞면과 뒷면을 모두 볼 수 있다. 매운 연기를 내뿜으며 일렁거리는 장작불과, 오로지 그림자를 얻어낼 목적으로 만들어진 납작한 인형들, 그리고 어슴푸레한 동굴 바닥에 드리운 자기 자신의 흐릿한 그림자를 보면서, 그는 무엇을 할 수 있을까? 그는 무엇으로 자기 자신을 가르치고 보살피며, 어디로 가야 하나?

아마도 관리자는 수감자와 대화를 나누기도 했을 것이고, 때로는 수감자의 의자에 앉아 황홀하게 그림자극을 관람하기도 했을 것이다. 어쩌면 그것이 그가 동굴 안에서 누릴 수 있는 거의 유일한 안식이었을지도 모른다. 가끔은 동굴 바깥에 대한 풍문이 흘러오기도 했을 테지만, 대체로 그 풍문은 동굴 벽에 비친 그림자극만큼의 설득력도 없었을 것이다. 그는 관리자인 동시에 수감자로서, 무지가 아니라 공모의 관계 속에서 이 동굴의 일부를 이룬다. 그럼 이제 시선의 자리를 가상의 바깥으로 쭉 끌어당겨서, 이런 동굴들이 복잡하게 뒤얽힌 일종의 개미집 같은 것을 상상해보자. 그것이 우리의 세계다. 여기서 앞면과 뒷면은 어떤 거대한 경계선을 따라 등을 맞대는 것이 아니라 모든 곳에서 서로를 마주본다. 그 사이에서 미술가 또는 그 짝패로서의 미술 관객은 무엇을 할 수 있는가?

2015년 일민미술관 기획전 『뉴 스킨: 본뜨고 연결하기』는 바로 이런 질문을 무대화한다. 각자가 놓인 동굴들을 나름의 방식으로 포착하고 편집하면서 자신을 구축해온 일련의 젊은 미술가들이 불려나와 미술관 바깥의—더 정확히 말하면 미술관이 속한—세계를 미술관 안에 풀어놓는다. 여기서 미술관은 누구보다도 경쟁력 있는 앞면, 또는 특권적인 앞면, 심지어 동굴 바깥으로 열린 구멍이 될 수 있다는 자신감을 과시하지 않는다. 오히려 그것은 앞면과 뒷면이 봉투처럼 맞물린 이 납작한 폐쇄공간 속에서 미술이 무엇을 할 수 있는지 덤덤하게 재검토하고자 한다. 이러한 관점에서는 개별 작가의 개별 작업을 문제 삼기 이전에 미술을 이루는 전반적인 배치 자체가 문제시되기에, 미술관뿐만 아니라 미술 관객들도 스스로 이런 재검토의 주체이자 대상이 되는 것을 피하지 못한다.

스크린에서 산란된 빛과 입구에서 스며드는 빛이 어슴푸레하게 어둠을 밝히는 1층 전시장은 정말로 동굴처럼 보인다. 그 속에서 박민하의 「전략적 오퍼레이션」(2015)은 모하비 사막 한가운데 아프가니스탄과 이라크의 마을을 본뜬 포트 어윈 군사훈련소를 다시 전시장에 본뜬다. 이 훈련소는 사진 기록과 도면, 목격자 증언 등 수집할 수 있는 모든 데이터를 총동원하여 실제 전투 현장을 가능한 한 실제처럼 구현한 세트로, 여기서 훈련병들은 실제 현장에서 온 사람들과 뒤섞여 실전의 다양한 상황을 체험한다. 이미 팔다리가 잘린 재연 배우가 훈련병들을 위해 갑자기 팔다리가 찢겨나가는 동료와 마주하는 트라우마적 상황을 반복해서 상연하는 시간 속에서, 물질과 사건의 무게는 계속 휘발되지만 순간순간을 채우는 고해상도의 생생함은 거듭해서 그 무게를 회복시킨다.

박민하는 이처럼 끊임없이 이미지와 물질을 오가며 현실을 침식하고 대체하는 재현의 회로를 관객들이 요모조모 뜯어보고 둘러볼 수 있는 크기의 영상 설치물로 재현한다. 그것은 일종의 교육 자료처럼 보인다. 말하자면 동굴이 무엇인지 보여주기 위해 적당한 크기의 동굴 모형과 동굴 다이어그램, 참고 자료들을 보기좋게 나열하는 것이다. 하지만 박민하의 작업이 동굴을 벗어나려는 고전적인 갈망에 사로잡힌 것 같지는 않다. 오히려 그는 동굴 또는 물리적 공간과 일체화된 미디어 환경을 명랑하게 탐사하고 활용하면서, 바로 그런 동굴을 통해서만 접근할 수 있는 어딘가 먼 곳의 진짜-가짜 세계들에 흔쾌히 매혹된다.

반면 스크린 너머의 좀 더 깊은 어둠 속에서 좀 더 몰입적인 방식으로 상영되는 김희천의 영상 작업들은 동굴의 폐쇄 회로를 어딘가 먼 곳이 아니라 가장 가까운 곳에서, 자신을 둘러싼 지금 여기의 도시 환경과 무엇보다도 자기 자신에게서 찾아낸다. 「바벨(*Lifting Barbell*)」(2015)의 화자는 아버지의 갑작스런 죽음과 대면하여 한 인간의 무게가 일시에 사라지는 죽음의 역설적인 무거움을 경험한다. 하지만 최후의 순간까지 기록된 GPS 데이터는 망자의 무게 없는 그림자를 가상화된 도시 속에 지나치게 생생하게 붙잡아놓는다. 화자는 중력도 시간도 존재하지 않는 듯한 이 데이터 공간을 더듬는다. 마치 현세에서 내세를 그리워하는 것처럼, 또는 서울의 시뮬레이션 어딘가에서 정말로 아버지의 그림자와 만나기를 바라는 듯이. 그러나 「바벨」은 『신곡』이 아니다. 데이터의 빛이 일종의 은총이라면 그것은 동굴의 은총, 또는 제대로 죽지도 살지도 못하는 연옥의 저주에 가깝다. 그 빛 아래서, 물리적 공간이나 그곳의 사람들은 이미 언제나 데이터 공간에 협착되어 때로 그림자처럼 흐릿하게 보인다.

그럼에도 화자-작가가 사진과 데이터, 렌더링

이미지와 촬영된 이미지, 3D 모델링 인터페이스와 인
터넷 브라우저, 화면 속과 화면 바깥을 오가면서 이 영
상을 쌓아올릴 때, 그를 뒤따르는 관객은 너무 유사하
고 너무 가벼운 두 세계를 매끄럽게 오가지 못하고 어
떤 짓눌림의 감각을 경험한다. 이는 두 세계 중 어느
쪽에도 온전히 귀속되거나 또는 단절되지 못하고 그
사이에 납작하게 끼어 있는 작가-화자의 1인칭 시점이
관객에게 점착된 결과다. 이어지는 「소울식/페깅/에
어트월킹(*Soulseek/Pegging/Air-twerking*)」(2015)
에서 작가는 영상 속 화자의 몸 아닌 몸을 빌려 자신을
스크린 너머의 데이터 공간으로 방출하려고 시도하지
만, 그것은 전시 설치 그대로 작은 동굴 속에서만, 물
리적 공간에 두고 온 자신의 신체를 숨기거나 또는 잊
어버릴 때에만 완성될 수 있는 덧없는 기만이다. 그는
여전히 가짜-진짜 세계들을 벗어나지도 그 속에 빠져
들지도 못한 채 그 사이 어딘가에 갇혀 있다.

　　데이터의 폐쇄 회로에 포위된 또는 동굴화된 세
계에서 신체는 종종 골칫거리의 동반자로 나타난다.
그것은 가장 인기 있는 앞면인 동시에 가장 비천한 뒷
면으로, 무겁고 불투명하고 유지 보수가 어려우며, 어
디에나 잔여를 남기고 어디서든 때를 묻혀 온다. 동굴
의 빛 아래서 신체를 부양하고 만족시키는 일, 더 나아
가 신체와 자연스럽게 일체화되어 시간을 살아가는
일은 문득문득 낯설고 요원해진다. 좌표 체계의 영점

이 동굴의 뒷면과 앞면, 신체와 그의 그림자 사이 어딘
가로 자꾸만 부유해버리기 때문이다.

상대적으로 밝고 희박하게 조성된 2층 전시장
에 설치된 강정석의 영상 작업은 이 신체를 실제보다
좀 더 큰 느낌의 다소 기묘한 스케일로 관객의 눈앞에
전시한다. 그 중심에는 컴퓨터 게임의 배경에 들어가
는 3D 사물들을 만드는, "손금에서 마우스 냄새가 솔
솔" 나는 작가의 친구가 있다. "3D 환경 예술가"라는
멋진 직함과 달리, 그는 가상의 건축 노무자처럼 프로
젝트 단위로 취업과 실업을 반복하며 컴퓨터 게임의
건설 현장을 떠돈다.[8] 「시뮬레이팅 서피스 A(*Simu-
lating Surface A*)」(2014)는 겉으로 보이는 이 친구의
모습, 친구가 작가에게 인사를 건네고 지하철의 인파
속으로 사라지는 출근길의 풍경을 반복해서 보여준
다. 친구는 지하철을 타는 다른 사람들과 별반 달라 보
이지 않는다. 하지만 지하철을 가득 메운 사람들이 평
평한 벽체 위에 커다랗게 투영되는 모습을 그리 어둡
지 않은 넓고 쾌적한 공간에서 하염없이 응시하다 보

---

8   『Converted (CMYK) Normal Maps from 2012-2014』, 작
업 소책자, 2014년, 쪽수 표시 없음. 이 책자는 「시뮬레이팅 서피스
A」, 「시뮬레이팅 서피스 B」와 함께 전체 작업의 일부로서 전시장
내에 비치되었다. 책자를 포함하여, 이 작업들은 원래 강정석의 개
인전 『베이포-X와 홈비디오』(인사미술공간, 2014)에서 선보였던
것들이다.

면, 대개 조그만 스마트폰을 만지고 있는, 아마도 작가 또한 스마트폰으로 촬영했을 이 사람들 모두가—그 것을 바라보는 우리 자신 또한—조금은 낯설게 보이 는 순간이 온다.

시야에 들어오는 또 하나의 평면 「시뮬레이팅 서피스 B(*Simulating Surface B*)」(2014)에서는 영상 에서 오려낸 친구의 얼굴, 친구가 만드는 3D 환경의 파편들과 그에 관한 단편적인 이야기들이 무맥락적으 로 해체되고 재조립되어 천천히 흘러간다. 그리고 영 상과 함께 비치된 책자는 이 모든 것을 손의 관점 또는 손의 촉각을 중심으로 재구성한다. 마치 눈보다는 차 라리 손이 믿음직한 것처럼, 또는 그저 손을 아주 열심 히 보려는 듯이. 하지만 손으로 만져질 수 있을 것 같 은 텍스트의 오돌토돌한 느낌은 그 자체가 광학적 환 영일 뿐이다. 광택이 나도록 코팅된 책자의 표면은 지 나치게 매끄럽다.

친구의 출근길에 그의 손을 만나러 간다. (⋯) 손을 흔드는 것으로 친구를 불러낼 수 있었다. (⋯) 손을 흔드는 것으로 그의 OS를 불러낼 수 있었다. (⋯) 지금은 손을 흔드는 것으로 메모 리에 저장된 친구를 일시적으로 로드한다. (⋯) 그가 흔든 손을 기록한 영상에서 프레임을 빼낸 다. (⋯) 손의 모션을 트래킹하는 키 프레임 애

니메이션을 제작한다. (…) 손을 통해 가상현실
은 숙련된다. (…) Q: 회사는 왜 숙련된 손을 해
고하나? A: 기술은 손보다 더 빠르게 숙련된다.
(…) 직장에서 그의 손이 어떻게 움직이는지 모
른다. (…) 움직임은 손에 주름을 만드나? (…)
엄청난 부자가 되기 위해 두 손으로 무엇을 할
것인가? (…) 오른손으로 흙을 꽉 잡았다가 내
려놓는다. (…) 1987년 사람 손 모양을 그대로
본뜬 마우스 Handytek 출시. (…) 1998년 로지
텍 마우스맨 98을 구입. (…) 손을 흔드는 친구
를 바라본다. (…) 스마트폰을 터치한다. (…)
마우스를 클릭한다. (…) 재배열한 영상의 말미
마다 손을 흔드는 친구의 모습을 계절별로 이어
붙인다. (…) 겨울에 손이 많이 시리면 그게 힘
들지.[9]

이처럼 눈과 손을 분리하고 손을 중심으로 신체를 재
정렬하려는 경향은 강동주의 작업에서도 발견된다. 그
러나 앞서 살펴본 작가들이 신체에서 벗겨져 나온 허
상들을 끝없이 해체하고 재조합하고 증식시키는 미디
어화된 세계의 섭리에 어떤 식으로든 공포와 매혹을
표출하는 것과 달리, 강동주는 신체 자체, 특히 작가 자

9　위의 책.

신의 신체를 작업 도구로 조각하는 데 집중한다. 강동
주의 드로잉은 매번 조금씩 다른 규칙들에 의해 지배
되는데, 이를 관통하는 대원칙은 눈의 자동화된 작용
을 무력화하는 것이다. 화가의 눈은 빛과 어둠 또는 앞
면과 뒷면 사이에서 자기가 노리는 대상을 찾아 움켜
쥐기를 멈추어야 한다. 그래서 작가는 자신의 신체를
탐침 삼아 한밤의 도시로 뛰어들고, 먹지로 그 시간을
기록한다. 빛으로 지저분하게 얼룩진 도시의 어둠 속
을 이동하면서 영상으로 기록했다가 이를 다시 종이와
먹지로 옮겨 그릴 때, 작가의 눈과 손과 발은 다양한 보
조 장치들과 시간차를 통해 분리되고 다시 매개된다.
최종 결과인 먹지 드로잉은 이렇게 재조합된 신체가
외부 세계와 접촉하면서 흘리고 간 일종의 허물처럼
남는다.

　　조명을 쨍하게 밝힌 백색 공간에 설치된 「달은
어디에 떠 있나」(2015)는 지도의 노선과 자신의 동선
을 일치시키던 기존 방식을 벗어나 달을 따라 임의로
움직인 과정을 일련의 먹지 드로잉으로 재구성한 것이
다. 그리고 이 작고 흐릿한 드로잉들을 배경으로, 거대
한 흑백의 달 드로잉들이 마치 화가가 발견한 새로운
대상이자 목적인 것처럼 공간 한가운데를 차지하고 있
다. 그러나 다시 보면, 작업 속에서 달은 오로지 신체를
재정렬하기 위한 수단, 일종의 소실점일 뿐이다. 하지
만 더 이상 동굴 바깥의 어떤 진짜 세계를 향한 입구를

강동주
「2848초의 달을 위한 드로잉」
2015

강동주
「324초의 달」
2013

상상할 수 없는 곳에서, 실제 구멍도 점도 아닌 도구적 가상으로서 소실점은 그토록 큰 화면으로 기념되기에 충분한 가치를 지닌다.

소실점이 중요한 까닭은, 그것이 동굴의 규제를 벗어나서 새로운 질서를 구획하는 출발점이 될 수 있기 때문이다. 플라톤의 우화는 결국 우화일 뿐이며, 그 이야기는 해방된 수감자가 동굴 바깥에서 행복하게 사는 것이 아니라 다시 동굴로 돌아와야 한다고 역설하는 것으로 마무리된다. 그렇다면 동굴 바깥의 빛은 결국 목적이 아니라 수단으로서, 지향점이기 이전에 기준점으로서 유의미하다고 말할 수도 있을 것이다. 그것은 다른 무엇보다도 동굴 자체를 비추고 더 나아가 그것을 새로 그려볼 수 있는 가상적 위치를 제공한다.

강동주의 달 드로잉 너머에 설치된 김영수의 보드게임 「우주시민 A씨의 데카드」(2015)는 정확히 그와 같은 방식으로 달을 사용한다. 여기서 게임의 참가자들은 달에 가서 최소한의 규칙과 제한에 따라 자신의 역할을 수행하고 새로운 공동체를 만들어야 한다. 이것은 작가가 수년 전 서울에서 경험한 도시 재개발 사업 설명회의 풍경을 재현하는 것이기도 하지만, 문자 그대로 가상적 시공간에서 이상 사회의 가능성을 시험하는 것이기도 하다. 망원경이 발명된 이래로 달은 오랫동안 지구의 거울상이자 유토피아의 무대로서 인기를 누려왔다. 그러나 과거에는 이러한 상상이 주로 이상 사회의 완벽한 공간적 도면을 제시하는 소설의 형태를 취했다면, 김영수의 게임은 우리가 어떠한 사회적 상호작용을 통해 그러한 이상 사회를 설계하고 실현하는 단계까지 나아갈 수 있을지 질문하고, 그 시간적 과정을 게임의 참가자 또는 관객 스스로 경험해보도록 한다. 게임 과정이 실시간으로 생중계되도록 카메라와 스크린이 설치된 게임 테이블은 얼핏 보기에 도박판 같기도 하고, 구경꾼들이 사방에서 볼 수 있도록 원형 또는 다각형으로 만들어지는 격투 경기장 같기도 하며, 그런 것으로서 심판정 같기도 하다. 작가는 무대를 만들고 관객을 초대하여 자신에게 그리고 다른 관객들에게 무언가 입증할 것을 요구한다. 우리가 더 나은 세계를 요구할 자격이 있는지, 실제로 우리가 그와 같은 세계를 건설할 능력이 있는지를. 작가의 기록에 따르면, 여태까지 누적된 게임 결과는 그렇게 희망적이지 않다.[10] 하지만 우리에게는 다른 선택의 여지가 없다. 우리 스스로 생체 실험을 통해 서서히 깨닫고 있는 바, 동굴 안에서 오래 살아남을 수 있는 것은——어떤 관념적인 것으로서 미술의 개념이든 그것을 수행하는 구체적인 사람들이든 간에——그리 많아 보이지 않기 때문이다.

---

10 김영수 인터뷰, 『뉴스킨: 본뜨고 연결하기』, 전시 도록, 일민미술관, 2015년, 54~55쪽 참조.

환경 디자인 또는
신생 공간들

이처럼 동굴화된 도시가 자기 안에 담긴 것들을 짜부러뜨리고 그 빛깔과 무게를 휘발시킬 때, 그 속에 갇힌 이들이 어떤 식으로든 자신을 둘러싼 환경을 재편하려고 시도하는 것은 당연하다. 무엇을 하든 간에 앞면과 뒷면 또는 시간과 공간을 좀 더 우호적인 형태로 재구축하는 작업이 선행되어야 하기 때문이다. 2010년대에 젊은 미술가들과 기획자들이 개념적·물리적으로 자신들의 활동을 담아낼 수 있는 새로운 플랫폼을 고안하기 시작한 것은 바로 이러한 맥락에서 접근해야 한다. 그것은 미술 제도와 겨루기 전에 그보다 광범위하고 강력한 것으로서 미디어와 일체화된 세계에 대처하고자 한다는 점에서 2000년대의 '대안 공간'과 조금은 다른 배치를 이룬다.

당시 대안 공간들은 미술 제도의 외부에서 내부로 이어지는 출입구를 열고 미술과 미술 바깥의 상호작용을 촉진하면서 제도의 경계를 새로 그리고자 했다. 그것은 이미 그때부터 진행되었던 미디어 환경과 도시 환경의 폭발적인 공진화에 대응하여 미술을 갱

신하고 제도를 수선하는 동시에, 바로 그 '미술'이라는
제도적·상상적 울타리로 스스로를 보호함으로써 외
부의 변화에 삼켜지지 않는 최소한의 이질성을 확보
할 수 있었다. 그렇지만 당대의 미술, 도시, 미디어는
모두 과거와 다른 방식으로 세계를 비추는 어떤 미래
의 빛을 현재로 불러내려 한다는 점에서 언제나 서로
의 동맹자이자 경쟁자였다.[11]

반면 2010년대 중반에 '신생 공간'이라는 이름
으로 급속히 가시화된 일련의 흐름은 그들 자신이나
심지어 제도 자체도 이미 도시-미디어 복합체로 산산
조각 난 채 집어삼켜진 것이 아닌가 하는 위기의식 속
에서 태동한 것이다. 동굴 속 같은 그 희뿌연 밝음 속
에서는 제도의 중력도 어떤 상상적인 '미술'의 빛도 제
대로 작동하지 않는다. 그 속에서 각각의 움직임들은
메마른 땅을 뒤지며 한때 여기 있었다는 '미술'을, 또
는 미술이든 미술이 아니든 간에 다시 울타리나 길잡
이가 되어줄 수 있는 무언가를 더듬어 찾는다. 그래서
이들의 활동은 유령화된 제도의 불충분한 대체물로서

11 이에 관해서는 김노암, 「한국 대안 공간의 현황과 전망」, 『한국
미술 전시 공간의 역사』; 김희진, 「우리는 대안을 말할 준비가 되어
있는가」, 웹진 『더아트로』 포커스 섹션, '대안공간 10년, 그리고 그
이후', 2013년. http://www.theartro.kr/issue/issue.asp?idx=30;
김장언, 「한국의 대안 공간에서 도대체 무슨 일이 일어났나?」, 『미
술과 정치적인 것의 가장자리에서』, 현실문화, 2012년 참조.

제도의 그림자처럼, 때로 심지어 패러디처럼 보인다. 하지만 그것은 굳이 따지자면 제도의 결핍에 반응하는 것이지 제도를 타격하려는 것이 아니다. 장기적으로 이들은 서로를 참조하면서 구체성을 획득하고 새로운 시공간을 짜맞춰간다.

몇 개의 시간선들을 따라가보자. 『뉴 스킨』의 또 다른 참여 작가로 전시 디자인을 담당했던 김동희는 지난 몇 년 동안 작가의 일이라기보다 차라리 기관의 일에 가까운 작업을 발전시켜왔다. 그는 빈 공간을 찾아서 한시적으로 작가와 작업, 관객이 놓일 수 있는 프레임을 구축하고, 거기에 세미나, 전시, 공연 등의 이벤트를 유도한다. 최소한의 개입을 통해 원래 없던 공간을, 더 정확히 말해 보이지 않았던 공간을 끄집어내어 사용할 수 있게 바꾸어놓는 것이다. 하지만 작가가 맨 처음 만든 것은 작가 자신의 신체를 접어 넣고 작업을 펼쳐놓을 수 있는 은신처, 가장 사적인 공간으로서의 집이었다. 그는 2011년 대학 재학 중에 교내의 방치된 공간을 수선해서 사용하는 「프리홈 프로젝트」를 시작했다. 이 공간은 원래 김동희가 개인 작업실을 찾다가 우연찮게 발견한 곳이었지만, 세들어 살던 집이 재개발로 헐리면서 임시 거처가 되었고, 작가가 졸업한 후에는 동료 작가들과 관객들이 드나들 수 있는 전시장으로 변모되었다.

김동희는 학교 바깥에서도 계속 이런 공간을 찾아냈다. 2012년에는 손주영, 최진석과 함께 '공간 1'이라는 일시적 전시장을 조성하여 백경호의 개인전을 열었고, 2014년 봄에는 여기저기서 찾아낸 주차장, 공터, 계단 등의 빈 공간을 섭외하여 무대를 가설하고 동료 작가들을 초대하여 전시, 상영회, 퍼포먼스, 연주회, 가이드 투어 등을 유치하는 것으로 작가 자신의 개인전을 꾸몄다. 『나열된 계층의 집』이라는 이 전시에서 작가는 엄청난 일인 다역을 수행한다. 그는 행사 총감독, 큐레이터, 공간 운영자, 전시 진행자인 동시에, 자신의 전시를 다른 작가에게 아웃소싱하는 미술가이며, 전시 디자이너이자 시공업자이고, 또한 누구보다 능동적인 관객이기도 하다. 그는 판을 벌리고 그것이 어떻게 굴러가는지 지켜본다. 아마도 이 전시는 당시 그가 만들 수 있는 가장 큰 규모의 판이었을 것이다. 하지만 그것은 개인이 유지하기에 너무 큰 규모이기도 했고, 그대로 유지하는 것은 별 의미가 없는 규모이기도 했다.

이후 작가는 2014년의 남은 시간 동안 이 판을 잘 접는 법을 연구했다. 『나열된 계층의 집』을 이루었던 각각의 임시 구조물들은 광주비엔날레 전시장으로 옮겨져서 「도킹 하우스」라는 하나의 집으로 합쳐졌고, 그중 일부는 다시 원래의 전시 장소 중 하나였던 와우교 아래 공터로 옮겨졌다. 「풍장」이라는 이름으로 설

김동희
「풍장」
2014
「도킹 하우스」를 들판으로 옮겨와 조립

치된 이 잔해들은 별도의 전시로서 공표되지도 않았고, 요란한 이벤트를 맞이하지도 않았다. 김동희는 조만간 공원 조성 공사가 시작될 이곳이 『나열된 계층의 집』을 끝맺기에 적절한 장소라고 생각했지만, 그가 무단 폐기한 설치물들은 우여곡절 끝에 그에게로 되돌아왔고, 같이 내다버린 하얀 자갈 무더기만이 도시 행정의 성글고도 엄격한 규제를 뚫고 잡초 무성한 공터에 남았다.

텅 빈 시간 속으로 내던져진 이벤트들은 뿔뿔이 흩어지고 작은 무덤만이 남는다. 작가는 작업이나 작가가 담길 수 있는 최소한의 공간적 그릇을 확보하려 했지만, 그 시도는 오히려 공간적 그릇에 상응하는 어떤 시간적 그릇의 빈자리를 드러내고 만다. 2014년 12월, 김동희는 마찬가지로 미술가들이 자체적으로 운영하는 공간인 반지하 B½F에서 『먼지 구간』이라는 이름으로 이 풍경을 다시 반추한다. 여기서 작가는 여태까지의 작업 기록과 소소한 부산물들을 특별한 프레임 없이—무엇보다도 자기 자신이 차분히 되돌아보기 위해—늘어놓는다. 단순히 이벤트를 만들고 또 만들 뿐인 나열의 방식은 별 의미가 없다. 하지만 막연히 더 크고 더 높고 더 밝은 곳을 향하는 상승의 모델도 설득력이 없기는 마찬가지다. "작품처럼 보이는 것들은 진행 중인 행위들의 과정에 있다. 하지만 그 과정들의 종착점은 없다. 다음이 다음을 낳는 경우도, 단기

목표를 향해 가다가 선회하는 경우도 있다."[12] 그는 지나간 시간을 복기하면서 그 움직임을 파악하고자 한다. 시간을 잘 접고, 다시 잘 펼치기 위해서. 또는 시간에 마디를 부여하고, 그것이 일어나서 걸을 수 있도록 하기 위해서.

　　이는 한 개인의 이야기이기도 하지만 전형적인 신생 공간의 이야기이기도 하다. 그 이야기는 가장 젊은 미술가들이 제도와 괴리되는 것, 심지어 제도와 교차하더라도 아무런 상호작용이 일어나지 않는 어떤 상호적인 무감각 속에서 시작된다. 말하자면 둘 사이에 아무 일도 일어나지 않는다는 것이다. 실상 2010년대 초반에 제도의 안팎에서 생겨난 크고 작은 공간들은 각자의 위치에서 이 결핍을 상쇄하려는 시도이기도 했겠지만, 갑작스런 공간의 증가는 오히려 사건이 벌어지고 자라날 수 있는 어떤 무대로서의 시간이 없다는 사실만을 새삼 확인시켰다. 도시의 무자비한 순환 속에서 각자의 시간과 공통의 시간은 모두 위기에 처한다. 무엇으로 어떻게 이 시간을 재건할 것인가? 결과적으로 이 질문은 2010년대 중반을 관통하는데, 그에 대한 응답은 각자의 위치와 지향점에 따라 사뭇 다르게 나타난다.

12　김동희의 말, 반지하 텀블러, 2014년 12월 11일 자 포스트에서 재인용. http://vanziha.tumblr.com/post/104927224372

이른바 신생 공간 중에서도 각별히 큰 규모를
자랑했던 커먼센터의 2014년을 잠시 돌아보자. 2013
년 말 큐레이터 함영준, 미술가 이은우, 디자이너 김영
나와 김형재가 공동으로 시작한 커먼센터는 매년 세
번의 대형 기획전으로 '오늘의 미술'을 탐구했다. 70
여 명의 젊은 화가들을 한자리에 모은 2014년 개관전
『오늘의 살롱』과 뒤이은 『스트레이트: 한국의 사진가
19명』은, 각각 회화와 사진이라는 미술의 매체들이 오
늘날 어떤 모습으로 존재하며 그 속에 담긴 오늘의 풍
경은 어떠한지 나열함으로써 '오늘'을 조망하는 이중
의 입체적 시점을 구축하려는 시도였다. 이후에도 함
영준이 주도한 커먼센터의 자체 기획 전시는 대체로
이런 유형의 접근을 취했다. 요컨대 미술의 렌즈로 어
제와 다른 '오늘'의 동시대성을 구체화하고, 이를 통해
젊은 미술가들을 포괄할 수 있는 공통의 시간적 그릇
을 형성하며, 그럼으로써 동시대 '미술'의 시계를 다시
움직인다는 것이다.[13]

반면 외부 기획이었던 2014년 마지막 전시 『청
춘과 잉여』는 어제와 오늘을 접붙임으로써 공통의 시
간을 재건한다는 조금은 다른 접근을 취했다. 유능사
의 최정윤과 안대웅이 주도한 이 전시는, 아시아의 역

13 커먼센터의 전시들에 관해서는, 커먼센터 웹사이트 참조.
http://commoncenter.kr/

사(박찬경, 이완), 여성의 신화(송상희, 이자혜), 남성
의 후일담(안규철, 김영글), 기술의 환상(정연두, 백
정기), 회화의 연구(박미나, 이상훈)라는 다섯 개 주제
로 기성 미술가와 젊은 미술가를 나란히 묶어 협업 또
는 경쟁을 촉발시켰다. 여기서 참여 작가들은 동시대
의 동료인 동시에 각각 과거와 현재를 체현하는 인물
들로 설정되어, 2000년대 후반 이후 어딘가에서 끊어
진 시간을 이어야 한다는—또는 애초에 끊어진 적이
없는 어떤 동시대적 시간의 지속성을 드러내야 한다
는—임무를 부여받았다.[14]

    두 가지 기획은 등을 마주대고 서로 반대쪽을
바라본다. 한쪽은 새로운 것에 집착하고, 다른 한쪽은
그런 집착을 혐오하면서, 양쪽 모두 공회전에 진절머
리를 친다. 군이 말하자면 이 같은 대립은 그 자체가
"과거부터 끊임없이 반복된 것이다."[15] 그렇지만 이
는 우리의 시간이 과거와 변함없다는 말이 아니다. 기
획의 의도와 별도로 커먼센터 전시들은 언제나 미래
없는 현재를 드러내보였고, 그럼으로써 여태껏 우리
가 알았던 동시대적 시간이 언제나 어떤 미래의 빛으
로—허위적인 것이든 진실된 것이든 간에—잔잔하
게 반짝였음을 상기시켰다. 그리고 이렇게 드러난 미

14 『청춘과 잉여』 전시 리플릿, 커먼센터, 2014년 참조.
15 같은 글.

래의 빈자리는 양쪽 접근 모두에 그림자를 드리웠다. 결국 미래를 약속하지 않는 현재를 자신이 속한 동시대로 승인할 준비가 된 사람은 많지 않았다. 그러나 일단 미래의 조명이 꺼져버린 곳에서 동시대적 시간이라는 과거의 가상을 계속 믿을 수 있는 사람도 많지 않았다. 사람들은 각자의 불안정한 시간으로 드문드문 흩어졌다.

그러므로 미래의 부재를 해소하려는 시도가 뒤따르는 것은 지극히 자연스럽다. 다시 2014년 12월, 미술가들이 운영하는 또 다른 공간인 교역소에서 열린 '안녕 2014, 2015 안녕?'은 문자 그대로 내일을 불러내기 위한 자리였다. 유능사의 주최로 미술평론가 임근준이 진행한 이 라운드테이블은 교역소, 반지하 B½F, 시청각, 커먼센터, 케이크 갤러리 등 2012~2014년 사이에 개관한 여러 공간의 운영자들과 함께 미술계의 현황과 전망을 논하기 위해 마련되었다. 논의의 방향은 거의 예정되어 있었다. 이미 미술 제도의 시계는 제대로 돌아가지 않고 있고, 젊은 미술가들의 시간은 제도 바깥에서 위태롭게 녹아내리고 있으니, 차라리 하나로 다른 하나를 관통하여 제도 한복판에서 — 구체적으로 말하자면 국립현대미술관 서울관에서 — 변화를 요구하고 새로운 미술의 시간을 선포해야 한다는 것이다.[16]

하지만 신생 공간들과 미술관의 시간은 그렇게 쉽게 합선되지 않았다(결과적으로 '청년관을 위한 예술행동'은 라운드테이블에 모인 패널들이 아니라 청중들 사이에서 시작되었다[17]). 애초에 2010년대의 상황은 제도가 변화를 거부하면서 시간이 정체된 것이 아니다. 오히려 미술관과 미술가들은 고도로 산업화된 시각예술 복합체에 포위되어, 문화 산업과 공생하거나 경쟁하거나 또는 그 경쟁을 면제받을 수 있는 위치를 찾아야 한다는 공통의 압박에 시달렸고, 그 속에서 어떤 근본적인 쇄신을 요구받았다. 여기서 미술관은 문화 소비자인 관객의 시점에 맞추어 미술의 서비스를 강화하고 이를 위해 더 화려하고 거창하게 몸집을 불리는 편을 택했다. 그러나 여타 문화 산업의 기획사나 제작사에 해당하는 제도적 장치가 미비한 상태에서—다시 말해 대다수의 미술가들이 여전히 가내

---

16 이에 관해서는 임근준, 「국립현대미술관에 청년관을 신설하라」, 『한겨레21』, 2015년 1월 9일 자; 니문, 「Next is what? (or where?)」, 웹진 『인디언밥』, 2015년 1월 13일 포스트. http://indienbob.tistory.com/913; 권시우, 「'안녕 2014, 2015 안녕?': 청년들을 위한 오픈베타 서비스」, 웹진 『집단오찬』, 2015년 1월 14일 자 포스트 참조. http://jipdanochan.com/38

17 이에 관해서는 '청년관을 위한 예술행동' 웹사이트(http://savethemuseum.net/)와 SNS 아카이브(http://savethemuseum.org) 참조. 특히 2015년 2월 14일 홍익대학교에서 열린 라운드테이블 '다수의 발언자들'의 속기록(https://drive.google.com/file/d/0BxrvIFbgaLIsX3Uzd1ZiWmNtOWs)을 보라.

수공업 방식으로 미술을 생산하는 상황에서 — 미술관에 맞추어 자신을 팽창시킬 수 있는 미술가들은 많지 않았다.[18] 오히려 전시의 규모가 커질수록 자신의 이름으로 작품을 납품하거나 이름 없이 인력만 공급하는 수많은 미술가들은 매스게임의 픽셀처럼 소모되면서도 최소한의 대우마저 보장받기 어려웠다.

그럼에도 불구하고 미술을 하겠다고 한다면, 더구나 입지가 불안정한 젊은 미술가들은 대체로 미술관과 정반대의 선택을 하게 된다. 작업의 규모를 줄이고 오로지 작가 자신의 시점에 집중하여 자신이 먹어치운 세계를 — 또는 자신을 먹어치운 세계를 — 되새김하는 것이다. 그리고 신생 공간들은 이 되새김을 연료 삼아서, 무엇보다도 이 되새김을 이어나가기 위해서 고안된 장치들이다. 기획자가 아니라 미술가들이 굳이 자신들의 플랫폼을 만드는 경우는 특히 그렇다. '안녕 2014, 2015 안녕?'에서 호명된 공간들 중에 실제로 '아티스트 러닝 스페이스'라는 말에 부합하는 곳은 반지하 B½F와 교역소뿐인데, 이들은 엄밀히 전시 공

---

18 의도한 것은 아니겠지만, 2014년 봄에 방영된 케이블TV 리얼리티쇼 「아트 스타 코리아」는 미술관과 미술가가 추구할 수 있는 어떤 자기 갱신의 한계선을 드러내보였다. 공식 웹사이트는 폐쇄되었으나 스토리온 채널 유튜브로 일부를 볼 수 있다. www.youtube.com/playlist?list=PLr7ea5wboPxJUZBCa13Ked47hYkSa67xG 참조.

간이 아니다. 돈선필과 박현정이 2012년부터 운영해
온 반지하 B½F는 작가들이 자기 작업의 진행 상황을
확인해볼 수 있는 한시적 스튜디오 공간을 익명으로
공유한다. 미리 예약을 하면 관람도 가능하지만, 주된
관객은 다른 동료 미술가들과 누구보다도 작업을 하
는 작가 자신이다. 그것은 외부 세계의 빛들을 잠시 차
단하고 미술가가 온전히 자기 눈의 빛으로 자기 작업
과 대면할 수 있는 특정한 어둠을 조성한다.

　　이처럼 반지하 B½F가 자기 교양을 위한 일인
용 동굴로 출발해서 결과적으로 미술가들이 서로의
작업을 엿보고 대화할 수 있는 교류의 장으로 발전했
다면, 2014년 김영수, 정시우, 황아람이 시작한 교역
소는 그와 반대로 움직인다. 이들은 처음부터 집단적
이고 압축적인 상호 교류의 형태를 설계함으로써 예
기치 못한 시간의 노선들이 돌출되는 어떤 특이점을
형성하려고 한다. 교역소의 이벤트들은 어쨌든 다수
의 미술가들을 한자리에 모은다는 점에서 일단 규모
를 키워 주목도를 높이는 그간의 미술 전시들과 유사
한 면이 있다. 하지만 이들은 단순히 모자이크 같은 거
대한 풍경을 박제하여 관객 앞에 갖다놓는 것보다, 무
관심하게 흐르던 각자의 시간선들이 앞뒤 없이 드러
나서 서로 뒤엉키고 굴러가도록 하는 데에 더 관심이
있다. 교역소가 보드 게임의 형식을 차용하여 『교역
소 플레이북』이라는 규정집을 발간하고, 자기 자신을

"플레이보드"이자 거기 누적된 "플레이의 집합"으로 정의한 것도 모두 그 때문이다.[19]

유서 깊은 사고의 매체이자 시간 보내기의 기술로서, 게임은 참가자들이 일정한 규칙에 따라 상호작용을 계속할 수 있는 시간의 틀을 제공한다. 여기서 게임은 미술가들이 사회적 상호작용과 이벤트의 연쇄를 고안할 때에 가장 쉽게 참조할 수 있는 구조와 개념의 모음으로, 일종의 도구 상자처럼 활용된다. 이러한 접근은 2015년 이수경, 한진, 김정태의 삼인전에서 시작된 프로젝트 『던전』에서 아주 복잡한 형태로 발전한다. 기본적으로 『던전』은 세 명의 작가들이 번갈아 시작-중간-끝을 맡아서 협업을 수행하고, 순서를 바꾸어가며 다시 이 협업을 3회 반복하여 시작-중간-끝의 시간을 형성하는 연쇄 전시였다. 그런데 3회의 전시와 도록 출간으로 마무리된 이 이벤트는 엄밀히 미리 정해진 게임의 규칙에 따른 것이 아니었다. 『던전』은 최소한의 설정과 조건들에서 출발하여 참여자들의 상호작용이 새로운 규칙과 구조를 낳고 그로부터 다음 단계가 생성되는 방식으로 발전하여, 결과적으로 전시의 기획부터 관람까지 수십 명의 사람들이 연루되는

19 『교역소 플레이북』, 작업 소책자, 2014년, 1쪽. 이 책자는 교역소 개관 행사 「상태참조」의 일부로서 교역소 내에 비치되었다. 교역소 페이스북에서도 그 내용을 확인할 수 있다. www.facebook.com/gyoyokso/posts/775118275912929 참조.

전 과정을 일종의 협업이자 '플레이'로 구현해냈다.[20]

　『던전』의 초기 설정은 물론 환상의 세계에서 동료들을 만나고 괴물들과 싸우며 성장해나가는 '던전앤드래곤(Dungeons & Dragons)' 방식의 롤플레잉 게임을 빌려온 것이다. 하지만 이 같은 게임의 얼개는 그 자체로 신생 공간에서 미술가들과 관객들이 무엇을 해왔고 무엇을 할 수 있는지 그들 스스로 식별하기 위한 은유적 거울이기도 하다.[21] 신생 공간은 게임과 유사하다. 그것은 일종의 교양소설적 시간이 전개될 수 있는 가상적 활동 공간을 제공하지만, 당사자의 시점에 서지 않으면 그 활동은 잘 보이거나 읽히지 않으며, 그래서 현실과 유리되어 있는 무효하고 음성적인 활동으로 비치기 쉽다. 그러나 신생 공간은 게임이 아니다. 그것은 현실원칙과 물리적 제약을 차단하고 순수한 가상 세계를 세우는 것이 아니라, 어떤 식으로든 그와 대면하고 교섭하면서 나아갈 것을 요구한다. 신생 공간이 일종의 진지라면, 그것은 가상과 현실 사이의 점이지대에 위치한다. 하지만 이를 두고 아직 만개

20　이에 관해서는 『던전: 데빌 와이파이 백화점』, 전시 도록, 자가출판, 2015년 참조.

21　이러한 접근을 발전시킨 것으로, 강정석, 「서울의 인스턴스 던전들」, 『2015년 미술생산자모임 2차 자료집』, 자가출판, 2015년 참조. 이 글은 반지하 팀블러에서도 확인할 수 있다. http://vanziha.tumblr.com/post/120061798362 참조.

하지 않은 가상의 '미술'이 현실로 나아가는 단선적 과정이라고 말해버리기는 어렵다. 오히려 현실은 이미 무게도 부피도 없는 고밀도와 고속도의 가상적 순환에 집어삼켜진 것인지도 모른다. 어쩌면 그런 현실에 대처하기 위해 전혀 새로운 가상을 발명해야 하는지도 모르고, 어쩌면 그것이 아직 알 수 없는 '미술'의 실마리가 될지도 모른다. 『던전』은 그런 모호함 속에서 불가능한 시간의 궤적을 그린다.

그러므로 다시, "작품처럼 보이는 것들은 진행 중인 행위들의 과정에 있다." 또는 그 과정으로부터 파생된 산물이거나, 그 시간을 물질적·가상적으로 뒷받침하기 위한 작은 토대라고 해도 좋다. 2015년에 신생 공간들과 그에 관련된 사람들이 가장 소란스럽게 자신을 드러내는 이벤트였던 『굿-즈』는 바로 이런 것들을 교환하는 자리였다. 그것은 하나의 방향으로 힘을 모으기 위한 새로운 제도의 시작이라기보다, 여전히 다양한 방향들을 계속 실험하기 위한 일시적 연합체에 가까웠다. 이는 방향의 합의가 불가능하기 때문이기도 하지만, 그 이전에 이 모든 인원을 뒷받침할 수 있는 물적 토대가 막연하기 때문이다. 실상 『굿-즈』는 그 자체로 '진행 중인 시간'이 자기 자신을 지탱하는 자족적 회로를 구축할 수 있는가 하는 실험이기도 했다. 그러나 애초에 소비자 시장을 따라 움직일 의사가 없고 그렇게 움직이기 위한 자본도 뒷받침되지 않은 상태에서, 이들의 '시장'이 독자적인 제도의 토대가 되기는 어려웠다.

그럼에도 이 미술가들이 흩어졌다 모이기를 반복하는 것은, 현재 시점에서 이들 자신이 서로에게 가장 중요한 환경의 구성 요소이기 때문이다. 이들은 독창적 개인이라는 미술가의 신화와 싸우기 전에, 개인이 판단과 행위의 최소 단위로서 ─ 이를테면 미술가로서 ─ 과연 어떻게 존속하고 작동할 수 있을 것인가 하는 문제와 대결해야 한다. 결국은 새로운 또는 적어도 보완된 제도가 필요할 테지만, 어떤 이상적인 환경이 단시간 내에 조성되리라 기대할 수 없는 상황에서, 이들은 지금 여기에서 미술가이고자 한다.『굿-즈』는 이런 퍼즐을 맞추는 한 가지 배치다. 작업의 준비물들과 작업의 부산물들, 작업의 전체, 일부, 또는 축소 모형들, 몸을 얻은 평면들, 납작해진 입체물들, 스크린 너머에서 출력한 것들과 그 너머로 건너가기 위한 입장권들, 현실감의 토템들, 거짓 신으로서의 우상들, 그럼에도 그 안에 접혀 있는, 아직 펼쳐지지 않은 것들이 사람들 사이로 흩어지고 그들 사이를 잇는다. 이 플라스틱 조각들은 미래의 복음을 전하지 않는다. 차라리 이들은 미래와 현재 사이에 언제나 가로놓여 있었던 ─ 그러나 우리가 끝끝내 마주하기를 거부했던 ─ 어떤 심연의 존재를 드러내 보이며 우리와 눈을 맞춘다. 하지만 만약 그 수수께끼 같은 응시에 답할 수

있다면, 어쩌면 우리는 집으로 돌아갈 길을 찾을 수 있
을지도 모른다.

부연
관광객의 시점

외계인 인류학자가 서울을 방문하여 이렇게 묻는다고
하자. 서울의 미술은 어디에 있지요? 환유적 접근은
이 질문에 답하는 가장 손쉬운 방법이다. 특정한 작품,
작가, 또는 시대를 가리켜 보이면서, 바로 여기에 서울
의 미술이라고 부를 만한 어떤 정수가 담겨 있다고 답
하는 것이다. 하지만 그 정수는 어떻게 식별된 것인가
요? 외계인 인류학자가 다시 이렇게 묻는다면, 대화는
자연스럽게 서울의 미술이 놓였던 역사적 구조를 되
짚게 될 것이다. 어떻게 서울의 미술이, 이를테면, 뉴
욕의 미술이나 광주의 미술과 연관되는 동시에 그와
구별되는 차이를 획득하게 되었는지. 그 관계 속에서,
어떻게 서울의 미술이 한국의 미술에 대한 환유가 되
는 동시에 민족의 미술이라고 부를 만한 무언가와 조
금 다른 지평에 놓이게 되었는지.

　　어쩌면 이 모든 대화는 통역 과정의 오해로부터
빚어졌을 수도 있다. 외계인 인류학자는 그저 서울에
서 미술을 볼 수 있는 장소가 어디인지, 다시 말해 미
술관이 어디인지 물었던 것이 아닐까? 심지어 그는 인

류학자가 아니라 심드렁하게 은하계를 여행하던 관광
객이었을지도 모른다. 하지만 그의 무고한 질문은 여
태까지 우리가 살펴본 2010년대의 풍경을 다른 각도
에서 되짚어볼 수 있게 해준다. 그것들은 서울의 미술
이었나? 그렇다. 어쨌거나 서울에서 활동하는 사람들
에 의해 생산된 미술은 모두 서울의 미술이라고 불릴
자격이 있다. 하지만 그것들이 지난 수십 년간 만들어
진 어떤 '서울의 미술'과 동일한 배치 속에 놓이는지
생각해보면, 어쩔 수 없이 어떤 변화 또는 분화를 감지
하게 된다. 그리고 이 차이를 좀 더 구체적으로 식별하
기 위해서는, 미술과 미술 제도의 변천을 추적하기에
앞서 서울의 지난 궤적을 잠시 돌아볼 필요가 있다.

　　　서울이 곧 한국이라는 관념은 긍정적인 의미에
서든 부정적인 의미에서든 지나치게 당연하게 여겨지
는 경향이 있다. 그러나 '가장 한국적인 것이 가장 세
계적'이라던 1980년대의 한국과 비교하면, '세계로 미
래로' 나아가자던 1990년대의 한국은 대내외적으로
과거와 사뭇 다른 배치를 이루었으며, 그 속에서 서울
의 위치도 변화를 겪었다. 전자는 여전히 냉전으로 이
원화된 세계, 각각의 국가들이 생물학적 유기체처럼
서로 연합하거나 적대하는 행위 주체로 상상되는 세
계에 속했다. 그 속에서 한국은 문자 그대로 반토막 나
고 불완전한 주체로서 자기 자신의 온전한 이미지를
갈망했고, 서울은 그런 국가의 실험실이자 전시장으

로, 이상화된 얼굴이자 언제나 성형 중인 얼굴로서 육
성되었다.

　　반면 1990년대에 '세계로 미래로' 나아가는 주
체는 더 이상 국가가 아니었다. 냉전 체제의 종식은 그
체제를 구성하는 기본 단위로서 국가의 견고성과 방향
성을 약화시켰다. 개별 인간에서 개별 지역에 이르기
까지, 다양한 개체들은 자기보다 더 거대한 전체를 표
상하거나 그런 전체의 일부로서 자기의 위치와 역할을
숙지한다는 과거의 의무를 벗음으로써 비로소 상상 속
의 미래 세계로 뛰어들 수 있었다. 이처럼 자기 자신이
아닌 다른 무엇으로도 귀속되지 않는 온전한 '나'의 운
명을 상상하는 일종의 사춘기적 열망, 또는 나르시시
즘적인 이상주의 속에서, 서울과 미술은——더 정확히
말해 행정가들과 미술가들, 그리고 그 사이의 기획자
들은——새로운 활동의 지평을 열어나갔다.

　　그것이 순수하게 자유로운 개체들의 활동이었
던 적은 어쩌면 한 번도 없었을지 모른다. 국가주의와
민족주의를 막론하고 내셔널리즘은 여기에서 생산된
모든 미술에 어떤 식으로든 그늘을 드리웠다. 그럼에
도 서울을 거점이자 원천으로 하는 일련의 미술들을
떠올릴 수 있다면, 그것은 미술이 과거와 다른 '세계'
속에서 그 그늘을 벗어날 수 있다는, 단순히 한국 또는
민족문화의 어떤 정수가 담긴 것과는 조금 다르고 새
로운 무언가가 될 수 있다는 상호모순적인 좌절과 기

대 속에서 만들어진 것이다. 이 같은 가능성의 시간은, 애초에 그 시간을 가능하게 했던 관계적 배치들과 상상적 심상들은 2000년대 이후 맹렬히 포효하면서 자신을 불태웠다. 그리고 앞서 살펴본 서울의 미술들은 그렇게 불타버린 터전에서, 더는 불태울 것이 별로 남지 않은 곳에서 돋아난 것들이다.

지방 도시 서울

서울의 2010년대가 2000년대 후반부터 이미 시작되고 있었듯이, 서울의 1990년대는 이미 1980년대 후반부터 시작되고 있었다. 군부 독재의 종식과 냉전 체제의 붕괴가 공교롭게도 맞물리기 직전이었던 1988년으로 잠시 돌아가보자. 알다시피 1988년은 서울 하계 올림픽의 해로, 미래지향적인 한국의 표상으로서 서울이 완성되고 과시되는 절정의 순간이었다. 실상 서울은 1980년대 내내 이 행사를 위해 현실을 이상에 일치시키려는 각고의 노력을 기울여왔다. 그러나 올림픽 개최지로서 서울은 한국의 밝은 미래, 더 나아가 한국으로 표상되는 냉전 체제의 화합을 상연하는 이상적 이미지의 매개체일 뿐이기도 했다. 많은 일들이 아직 벌어지지 않았지만── 이를테면 베를린장벽은 아직 건재했는데── 얼음이 깨지듯이 변화의 조짐만은 분명히 나타나던 때였다. 1988년 올림픽의 서울은 이 같은 세계사적 과도기의 소망적 상징으로, 그 자체가 일종의 전 세계적 굴렁쇠 소년으로서 치장되고 조명되었다.

　　하지만 서울 자체가 변화할 조짐도 이미 이때부터 나타나고 있었다. 올림픽이 개막하던 1988년 9월, 지구 반대편 밀라노 트리엔날레에서는 '세계도시들과 주요 대도시들의 미래'라는 대주제와 '미디어를 통한 도시의 표현'이라는 소주제를 내걸고 17개 도시들이 국가를 넘어서는 행위 주체로서 자신을 과시하고 있었다. 여기서 서울은 '생성 중인 메트로폴리스'라는 풋풋한 이름으로, 더 이상 국가의 표상이 아니라 나름의 역사와 특성이 있는 하나의 도시로서 다른 도시들 사이에 처음 모습을 드러냈다. 물론 당시의 서울은 국가로부터 충분히 자유롭지도 자율적이지도 않았다. 애초에 서울이 올림픽 개최지가 아니었다면 이 전시에 초대받기도 어려웠을 것이다. 게다가 전시의 참가 주체는 서울시였지만 전시 기획과 제작을 총괄한 것은 대한주택공사 주택연구소였다. 당시 주택연구소 소속으로 전시를 만들었던 건축가 김진애는, 서울이라는 도시를 국가로부터 따로 떼어 말하기가 현재로서는 불가능하다는 데서부터 서울을 말하기 시작해야 한다고 쓴다.

　　서울의 대도시화 과정에서 찾아볼 수 있는 특이한 점은 거대도시 서울이 국가 경제 발전의 산물이자 수단이었기 때문에 서울의 도시화 연원과 문제 상황을 국가의 사회, 정치, 경제 변화의 맥락과 분리시켜서는 파악하기 어렵다는 것이다. 이와 같은 견지에서 서울관 전시에서는 경제 발전과 현대화 추진에의 집념을 한국의 비극적 근대사, 식민지화, 동족상잔의 비극, 분단 상황에 대한 반작용이라 보고 강박관념처럼 지난 30여 년간 우리 사회를 지배해온 집념과 그로 인한 노력이 결집된 것이 오늘의 서울이며 그 결과를 긍정적, 부정적 측면에서 직시하는 것이 현시점에 있어서의 중요한 과제임을 제기하고자 하였다.[1]

서울이 국가와 뒤엉켜 있는 상태가 당연한 것이 아니라 특이한 것이라는, 한국이라는 나라와 별도로 서울이라는 도시가 스스로 자신의 운명을 개척할 수 있다는 관념은 1988년 지방자치법이 개정되고 1991년 지방의회가 구성되면서 점점 더 구체화되었다. 1961년 5·16 군사 정변으로 "조국 통일이 이루어질 때까지" 무기한 중단되었던 지방자치제의 재개는, 구체적

1   김진애, 「거대도시 서울의 생성: 교차하는 변혁의 힘과 역사적 관성」, 『서울性: 도시 문화 시대의 서울을 기리는 책』, 서울포럼, 1991년, 72쪽.

인 지역사회의 요구에 따른 것이었다기보다 1987년 6월 항쟁 이후 강화된 민주화의 압력과 중앙 정치권 내부의 타협이 빚어낸 절충적 산물이었다는 설이 일반적이다.[2] 그러나 일단 지방자치단체가 구성되자 지역사회의 자의식 또는 자아실현의 욕구라 할 만한 것이 생겨난다. 1990년대 이후 지자체들의 활동상은 지금 여기의 실제보다 더 크고 아름다운 존재로 자신을 입증하고자 하는 다급한 갈망으로 팽배해진다. 그리고 1990년대의 서울은 이 같은 '지방 도시' 중 하나로서 새 삶을 시작한다.

1990년대 서울은 여러 가지 의미에서 지방화 또는 탈중앙화 과정을 겪었다. 첫째로, 서울 역시 중앙정부가 위치한 수도이기 이전에 하나의 지방으로서 자체적인 지방정부를 보유하게 되었다. 둘째로, 서울의 인구 집중 현상도 이 시기부터 크게 완화되어, 서울의 전입 인구는 1988년 95만여 명을 정점으로—이는 1975년 99만여 명 이후 최고 기록이었는데—빠르게 감소하여 1993년 이래 60만여 명 선에서 안정화되었고, 특히 비수도권 인구 유입은 꾸준히 줄어들어

2　이기우, 「지방자치법 60년 회고와 과제」, 『지방행정연구』, 23권 3호, 2009년 9월, 25~44쪽; 임승우, 「한국의 지방자치제도 형성과 동인 분석」, 『한국행정학보』, 42권 2호, 2008년 여름, 49~69쪽 참조.

1988~1998년 사이에 절반 이하로 떨어졌다.[3] 셋째로, 이때부터 서울은 국가의 전용 전시장으로서 독점적 지위를 상실하고 다른 지방 도시들 사이에서 자기만의 스펙터클과 서사를 모색하기 시작했다.

국가적 차원에서 올림픽 다음 행사는 엑스포였다. 중앙정부는 1989년부터 엑스포를 추진하기 시작했는데, 지역 분권의 이념과 과학기술을 강조한다는 명목으로 대전이 개최지로 선정되었다. 1993년 대전 엑스포는 기반 시설 확충에만 9000억 원, 부지 조성과 박람회장 건설에 민관 합동으로 7000억 원가량을 투자하여 전국에서 1400만여 명의 관광객을 끌어모은 초대형 행사였다. 외국인 관람객이 많지 않아 허울뿐인 국제 행사라는 비판도 있었지만, 첨단기술 박람회와 세계 여행 테마파크를 결합시킨 이 미래주의적 이벤트는 지방에서 열린 대규모 국가 행사이자 국가의 지원에 힘입은 대규모 지방 행사로서 새로운 시대의 분기점이 되었다.[4]

그동안 서울시는 자체적으로 1989년부터 1994년 서울 정도 600년 기념사업을 준비해서, 133억 원대

3   『지표로 본 서울 변천』, 개정판, 서울연구원, 2010년, 11~13쪽 참조.

4   국가기록원 기록정보콘텐츠 '대전EXPO' 항목 참조. http://www.archives.go.kr/next/search/listSubjectDescription.do?id=003519

의 예산으로 서울학 연구, 도시 정비 계획, 문화·체육
행사, 서울 시민의 날 행사 등을 추진했으며, 그중 36
억 원가량을 1994년『서울, 새로운 탄생전』에 투입하
여 40만여 명의 관객을 모았다. "대전 엑스포 등 타 전
시에 비하여 비교적 적은 비용으로 알차게" 꾸려진 이
전시는, 서울의 과거·현재·미래를 다양한 미디어 설
치물로 조망하고 "지구촌 이웃 도시들"과의 관계 속
에서 그 위상과 정체성을 새롭게 정립하려는 시도였
다.5 관 주도의 일방적인 행사라는 비판도 많았고, 거
창한 계획에 비해 예산이 턱없이 부족했으며, 제1회
서울 시민의 날 행사 직전에 성수대교가 붕괴하는 등
악재가 겹쳤지만, 1994년의 서울은 여러 모로 1988년
보다 한 걸음 더 나아간 모습을 보여주었다.

　　다른 지방 도시들도 가만히 있지는 않았다. 이
듬해인 1995년과 1996년에는 민간이 주도하고 정부
가 지원하는 상호 협력적 형태로 광주와 부산에서 새
로운 국제 행사가 조직되었다. 1995년 제1회 광주비
엔날레는 당시 국립현대미술관 관장이었던 임영방 조
직위원장을 내세워 총 예산 180억 원 규모의 국제 미
술 전시를 성사시켰고, 관객 동원도 160만여 명에 이

5　『1394~1994―서울, 새로운 탄생전』, 전시 도록, 서울특별시,
1995년;『서울 600년 사업백서―서울, 새로운 탄생』, 서울특별시,
1995년 참조.

르렀다.[6] 1996년 제1회 부산국제영화제도 전 영화진흥공사 사장이었던 김동호 조직위원장의 노력에 힘입어, 22억 원 남짓한 예산으로 18만여 명의 관객을 불러모으며 한국 최초의 국제 영화제로서 성공적인 출발을 알렸다.[7]

이 같은 대규모 행사들은 각자의 구체적인 맥락이나 지향성과 별도로 지방의 경쟁적인 자기 표현 욕구를 불러일으켰고, 또한 그 욕구를 충족하기 위한 구체적인 템플릿을 제공했다. 그 이후로 20여 년간 이런 형태의 이벤트들은 지역명을 바꿔가며 끊임없이 변주되고 반복된다. 이들은 더 이상 국가주의에 봉헌되지 않지만, 그렇다고 지역의 특정성과 자율성만을 강조하는 것도 아니고, 순전히 자본주의의 논리를 따른다고 하기도 어렵지만, 순수하게 문화 예술에만 헌신하는 것도 아니다. 오히려 이들은 그 모든 것이 중첩되고 뒤섞이며 때로 충돌하면서 휘발하는, 각자의 소망이 투영되는 스크린으로서 성립한다.

적어도 금융 위기가 닥치기 전까지, 1990년대의 미술은 이처럼 각자의 미래 세계로 돌진하는 거대하고 혼잡한 스펙터클의 행렬 속에서, 미술 전시회와

---

6 「광주 20년: 1995~2014 광주비엔날레」, 『아트인컬처』, 2014년 9월호 참조.
7 박조원 외, 『국제 영화제 평가 및 향후 발전 방안』, 한국문화관광정책연구원, 2004년, 41~50쪽 참조.

지역 박람회의 모호한 경계 사이에서 때로는 동원되었고 때로는 소외되었으며 때로는 기회를 잡았다. 대규모 미술 행사들을 중심으로 이 시간을 돌아본다면, 이때까지만 해도 서울이 한국 미술의 중심에 있었다고 말하기는 어렵다. 관점에 따라서는 한국 미술 자체가 중심에서 잠시 밀려나 있었다고 말할 수도 있을 듯하다. 이 시기에 좋은 쪽으로든 나쁜 쪽으로든 가장 큰 반향을 불러일으킨 이벤트들은 '세계미술제' 형태의 전시, 최소 수십억대의 예산으로 해외 큐레이터를 초빙하여 일종의 미술 직배를 실현하는 전시 유형이었기 때문이다.

    이 같은 흐름의 시작은 한국 영화 시장이 개방되고 처음으로 미국 직배 영화가 개봉하던 1988년의 ''88 서울올림픽 세계현대미술제'로 거슬러 올라간다. 군인 출신으로 당시 올림픽조직위원장이었던 박세직이 세계 각국의 예술가들을 한자리에 모으는 "예술의 올림피아드"로 고안한 이 행사는, 두 차례에 걸친 『국제 야외조각 심포지엄』을 거쳐 우여곡절 끝에 올림픽 조각공원의 『국제 야외조각 초대전』에 국립현대미술관의 『세계 현대회화전』이 덧붙여진 형태로 결실을 맺었다. 미술 행사로서는 사상 초유의 90억 원대 예산을 쓰면서도, 행정가의 주도하에 해외 미술 전문가들이 일방적으로 전시를 구성하여 한국 미술, 나아가 한국 사회 전체를 소외시키고 있다며, 준비 단계부터

전시가 끝날 때까지 비판이 끊이지 않았던 전시였다.[8]

그럼에도 이런 형태의 전시는 반복되었고 시행착오와 상호적 적응을 통해 일종의 진화를 이루었다. 몇 가지 사례들을 살펴보자. 1993년 대전 엑스포는 '88 서울올림픽 세계현대미술제의 형식을 그대로 빌려와서, 해외 커미셔너들을 초빙하여 두 차례의 『20/21세기 예술심포지엄 – 세기의 전환』을 진행하고, 그에 뒤이어 『미래테마파크 조각전 – 미래 저편에』와 『리사이클링 특별미전 – 순환과 창조』라는 국제 미술 전시를 구성했다. 이 행사는 올림픽 때와 달리 큰 반발이나 호응도 없었고, 애초에 미술 행사로서 거의 인식되지 못했던 것으로 보인다. 이는 대전 엑스포가 서울 올림픽만큼의 국가적 상징성이 없었던 탓도 있겠지만, 본질적으로 무역 박람회인 엑스포의 맥락 내에서 미술 전시가 박람회 콘텐츠로 녹아버린 결과이기도 했다. 특히 재생조형관 내부에 설치된 『리사이클링 특별미전』은 개별적인 미술 작업들이 폐품의 재활용이라는 하나의 주제로 환원되어 보일 수밖에 없는 상황이었다. 백남준이 전시장 한가운데 284대의 TV 모니터와 온갖 잡동사니를 쌓아올려 놓은 현대판

---

8   양은희, 「고인돌, 용, 엄지손가락, 세종대왕 – 올림픽 조각공원 형성 과정을 통해서 본 '미술과 공공장소'의 관계」, 『현대미술학 논문집』, 12호, 2008년 12월, 227~257쪽 참조.

「거북선」은 어떤 각도에서도 미술 관객의 특별한 시
선을 요구하거나 기대하지 않았다.[9]

　　그러나 이 전시가 기획 단계에서 '현대미술 리
사이클링'이라는 제목으로 지칭되기도 했음을 감안하
면,[10] 박람회장에서 미술의 위치는 의외로 양가적일 수
있다. 말하자면 미술이 재활용의 중요성을 홍보하는
매개체나 재활용을 통해 죽은 것을 소생시키는 주술
적 창조 행위이기 이전에, 그 자체가 재활용의 대상으
로서 박람회 콘텐츠로 다시 태어나는 것이다. 그것은
'미술'의 자리를 벗어남으로써 어떤 자유를 얻는다. 이
는 같은 해 국립현대미술관에서 휘트니비엔날레 전시
를 직수입한 『휘트니비엔날레 서울전』이 '한국'도 아
니고 '미술'도 아니라는 격렬한 비판에 휩싸였던 것과
흥미로운 대조를 이룬다. 동시대 미국 미술의 새로운
경향들, 비미학적이고 때로 반미술적인 방식으로 문
화적 다양성을 표출하는 최신 작업을 실시간으로 들
여와서 적극적인 홍보와 해설을 가미한 이 전시는, 여
러 방면의 불완전성에도 불구하고 65만 달러의 최대

9　엄밀히 백남준의 설치 작업은 『비디오아트 쇼』라는 별도의 전
시로 분류되었으나, 전시장 내부에서 특별히 구별 지어져 있었던
것 같지는 않다. 이에 관해서는 대전 엑스포 '93 웹사이트 '문예전
시행사' 항목, 「대전 엑스포 미술 전시장 현장을 가다」, 『매일신문』
1993년 8월 9일 자 참조.
10　일례로 「대전 엑스포 『현대미술 리사이클링』展 출품 작가 확
정」, 『연합뉴스』, 1993년 4월 29일 자 참조.

예산으로 15만여 명의 최대 관객을 동원한 국립현대
미술관 최초의 블록버스터 전시로 기록되었다.[11]

    공교롭게도 두 이벤트는 모두 백남준과 이용우
가 주선자 또는 기획자 위치에서 개입했고, 이들은 2
년 후인 1995년 제1회 광주비엔날레에서 각각 특별전
디렉터와 전시기획실장으로 다시 만난다. '경계를 넘
어' 전 세계가 더불어 살아가는 평화로운 공동체를 만
들자는 전시 주제나, 그에 따라 세계를 다수의 권역으
로 나누어 국내외 커미셔너에게 전시를 위탁하는 방
식은——심지어 지역 미술계가 그에 반발하는 방식까
지도——언뜻 보기에 '88 서울올림픽 세계현대미술제
와 흡사한 면이 있다. 그럼에도 '세계'의 의미나 전시
의 진행 방식, 결과적인 전시의 양상이나 전반적인 평
가는 7년 전과 비교했을 때 상당한 차이를 보인다. 무
엇이 달라진 것일까. 이후 20여 년간 여러 가지 직함
으로 광주비엔날레에 관여한 이용우는 당시를 다음과
같이 회고한다.

1990년대 초반 정치적·사회적·경제적 화두는

11   김진아, 「전 지구화 시대의 전시 확산과 문화 번역: 1993 휘트
니비엔날레 서울전」, 『현대미술학 논문집』, 11호, 2007년 12월,
91~135쪽; 최태만, 「1993 휘트니비엔날레 서울전의 반성과 평가」,
『미술관 소식』, 3호, 1993년 7~8월 참조. http://www.mmca.
go.kr/notice/n3/3-b.html

'글로벌'이었다. '글로벌리즘' 혹은 '글로벌'이라는 용어는 사실 '다국적 기업'을 설명하는 경제 용어다. 그런데 이 용어가 사실상 세계적 흐름을 지배하기 시작하던 때다. 나는 이 특성을 1990년대에 국한지어 보지 않고, 1989년을 주시했다. 1989년에는 베를린 장벽이 무너졌고, 아시아에서 천안문 사건이 일어났고, 스위스 과학자들이 www를 처음으로 만들어냈다. (⋯) 미술 쪽에서는 장 위베르 마르탱이 『대지의 마술사』전을 기획했다. 1989년에 일어난 세계적 현상들이 1990년대를 리드했다. 이것이 이른바 비엔날레가 견지한 '도시 경쟁의 시대'를 보여준다. 한국에서는 지방자치제를 실시했다. 물론 서구나 북미에서는 이미 실천된 것인데, 그것이 사실상 때맞추어 한국의 문화적 지형도를 요동치게 만드는 결과를 가져왔다. (⋯) 글로벌 자본주의에 맞는 예술적 이벤트로서 로컬리즘이 주목받고 훨씬 더 글로벌리즘에 걸맞는 컨텍스트들이 유입되고 그러면서 훨씬 더 문화관광적 형태의 이벤트가 늘어났다. (⋯) 결과적으로 1990년대부터 지난 20여 년간 비엔날레는 최대의 붐을 이룬다.[12]

12 「이용우 인터뷰: '비엔날레 타짜'의 광주 이야기」, 『아트인컬처』, 2014년 9월, 139쪽.

미디어시티

도시 경쟁의 시대란 기본적으로 국제 교류가 더 이상 국가 대 국가의 관계로 한정되지도 않고 국가의 승인을 요구하지도 않는 새로운 상황을 의미한다.[13] 하지만 그런 변화로 인해 반드시 도시가 세계 속의 주인공으로 도약한다는 보장은 없다. 실상 지난 20여 년 동안 한국의 도시들 중에 중앙정부와의 관계를 넘어 무언가 상상하고 실행할 수 있는 곳이 얼마나 되었는가는 미지수다. 하지만 바로 이러한 불확실성이 도시를 추동하는 요인이 된다. 도시는 발 빠르게 움직여야 한다. 그것은 더 이상 지정학적 위치에 붙박힌 채 수동적으로 사태를 수용할 것이 아니라, 유동하는 도시 네트워크 속에서 능동적으로 자기 자리를 차지해야 한다고 스스로 채근한다.

　　도시가 움직이는 시간, 오래된 도시와 새로운

13　이와 관련하여 정책적으로는 크게 두 개의 분기점을 지목할 수 있다. 하나는 1989년 시행된 해외여행 자유화이고, 다른 하나는 1988년 입안된 금융시장 개방이다. 이처럼 사람과 자본이 국가 간 경계를 쉽게 넘나들 수 있도록 규제를 완화하는 정책의 효과는 1990년대부터 본격화된다. 그러나 이 같은 정책의 방향은 이미 1980년대 초반에 설정된 것이다. 국가기록원 기록정보콘텐츠 '해외여행 자유화에 따른 대책' 항목과 '금융시장 개방' 항목 참조. www.archives.go.kr/next/search/listSubjectDescription. do?id=000835, www.archives.go.kr/next/search/listSubject-Description.do?id=003552

도시를 막론하고 전 세계의 모든 도시가 자유분방하게 움직이며 세계를 견인하는 새로운 시대. 확실히 이 같은 이미지는 역사의 최전선으로서 기존 대도시들의 특권을 축소시키고, 그 도시들의 시간으로 구체화되었던 보편사적 발전 모델을 약화시킨다. 하지만 여기 그려진 것은 무엇이든 가능한 세계가 아니다. '도시의 시대'라는 세계상은 전 세계적인 교류와 순환이 활성화되면서 역사가 분산되고 어쩌면 해체되는 또 다른 시간의 방향을 전제하며, 그에 역행하는 것을 새로운 시대착오로 낙인찍는다. 흔히 오해되지만 역사적 시간과 동시대적 시간의 차이는 시간적 방향의 유무가 아니다. 인간 사회가 자기 자신의 완성을 향해 전진하는 시간과, 그런 전진을 불필요하고 어쩌면 불가능하게 만드는 어떤 자동적인 세계가 완성되어가는 시간으로서, 두 개의 시간은 언제나 동전의 양면처럼 서로를 견인하거나 방해하면서 함께 전개되었다. 그런데 1990년대에는 냉전 체제의 붕괴와 디지털 미디어의 등장, 특히 한국의 경우에는 여기에 군부 독재의 종식과 전면적인 문화 개방이 더해지면서 동시대적 시간이 역사적 시간을 대체한다는 환상이 만연했다.

　　이러한 변화를 가장 격렬하게 체감했던 1990년대 서울은 전진하는 역사의 현장이 아니라 과거의 역사가 보존된 도시로, 또한 그런 것으로서 동시대적 순환의 새로운 거점으로 신속하게 방향을 수정했다. 그

리고 이를 위해 자신을 반영하고 투영하고 갱신할 수
있는 제도적 장치들, 일종의 미디어 시스템을 차근차
근 구축해나갔다. 1992년 개원한 서울시정개발연구
원(현 서울연구원)과 이듬해 그 산하기관으로 개관한
서울21세기연구센터, 그리고 1993년 서울시립대학교
산하에 창설된 서울학연구소는 각각 서울의 현재, 미
래, 과거를—또는 정책, 비전, 역사를—비추는 다면
적 거울로서 설계되었다. 그 탐구의 성과는 일차적으
로 1994년 서울 정도 600년 기념사업에 집결되었고,
이는 다시 서울시립박물관(현 서울역사박물관)의 창
설과 서울시립미술관의 활성화로 이어졌다.

　　서울시립박물관과 서울시립미술관의 역사
는 길다면 길고 짧다면 짧다. 길게 보자면, 그 역사는
1977년 강남 개발 지원책의 일환으로 강북의 명문 중
고교들이 영동 지구로 강제 이전되던 때로 거슬러 올
라간다. 이때 비워진 경희궁 옛터의 서울고등학교 부
지를 두고 10여 년간 공방이 이어진 끝에, 1985년 서
울시가 서울의 역사와 문화를 종합적으로 보여주는
미술·박물관을 만들겠다고 나선 것이다. 그러나 서울
시의 계획은 경희궁 복원 문제, 미술관과 박물관의 현
실적인 종합 불가능성, 국립 기관과 차별되는 콘텐츠
의 미비, 당면한 올림픽 준비 등으로 계속 표류했다.
결국 1988년 서울올림픽에 맞추어 옛 서울고등학교
본관 건물에 서울시립미술관이 들어서기는 했지만,

이는 하나의 기관이라기보다 단순 전시장 겸 사무실
로서 향후 경희궁 근린공원 개발을 계속 추진하기 위
한 근거지에 가까웠다.

　　이후 미술·박물관 건립 계획은 1994년 서울 정
도 600년 기념사업의 일환으로 재추진되었으나, 경희
궁 복원을 주장하는 여론의 목소리가 높아지면서 규
모의 축소와 착공 연기가 불가피해졌다. 결국 미술관
을 제외한 박물관 전용 건물을 짓는 것으로 계획을 수
정하여 1994년에야 착공이 성사되었고, 이와 별도로
서울 정도 600년 기념행사로 『서울, 새로운 탄생전』
을 수행하기 위한 텐트 구조의 임시 전시장이 옛 서울
고등학교 운동장 부지에 가설되었다. 이 건물은 원래
해체될 예정이었던 것 같지만, 결과적으로 일부 보수
한 후 1995년 재개관하여 서울시립미술관 전시장으로
활용되었고, 당시에는 대개 '서울600년기념관'이라고
불렸다.(현재 이 건물은 서울시립미술관 경희궁미술
관으로 재편되어 대관 전시장으로 활용되고 있다)[14]

　　1990년대 경희궁 시대의 서울시립미술관은
1960년대에 덕수궁미술관이 국립박물관에 통합되고
경복궁미술관이 국립현대미술관으로 재편되던 시절
을 떠올리게 하는 면이 있다. 미술관이 지역 문화를 함
양하는 박물관의 부속물 또는 박물관에 포함될 수 없

14 『서울역사박물관 개관지』, 서울역사박물관, 2003년 참조.

는 어떤 나머지로서 식별된다는 점도 그렇고, 학예실 기능이 부재한 상태에서 각종 미술 전람회나 관제 행사에 공간을 제공하는 것이 주된 업무인 점도 그렇다. 서울시립미술관이 미술 제도로서 최소한의 요건을 충족하기 시작한 것은 1999년 유준상 초대관장이 선임되고 2002년 구 대법원 건물을 일부 재건축한 현 서소문 본관이 개관하면서부터다.

  하지만 그사이에 이렇게 텅 빈 공간에서 의외의 시간이 전개된다. 1996년부터 1999년까지 세 차례에 걸쳐 서울시립미술관 전시장에서 열린 『도시와 영상』은 기본적으로 1994년 『서울, 새로운 탄생전』의 연장선에 있는 전시였다. 그것은 제목 그대로 서울이 새로 태어나려면 도시와 미디어가 서로 연대해야 한다는 의지를 거듭 천명했다. 그리고 이는 1990년대 중반의 서울에서 이미 미래주의적 선언이 아니라 어느 정도 동시대의 반영이기도 했다. 1996년 『도시와 영상』은 여전히 첨단 영상 매체에 대한 매혹을 드러냈지만, 그것은 이를테면 1991~92년 대전 엑스포 부대 행사로 한국종합전시장(KOEX, 현 코엑스)에서 열린 『컴퓨터 영상제』의 미래주의와 같지 않았다. 여기서 서울은 단순히 미래적인 미디어에 감탄하는 것이 아니라, 이미 미디어의 거울에 비춰진 여러 면의 이미지로서 자기 자신의 미래적인 모습을 만끽하고 있었다.

  어떤 의미에서는 이제 갓 태어났다고도 말할 수

있을 이 천진한 미디어-도시는 2년 후에 『'98 도시와 영상 – 의식주』의 주제로서 되돌아온다. 이 시점에서 서울은 단순히 미디어로 재현되는 데 그치지 않고 그 자체가 확장된 의미의 미디어 복합체로서, 전혀 새로운 거주환경으로서 탐구되기 시작한다. 이미 언제나 미디어화된 도시 환경에서 습관적인 일상의 리듬은 어떻게 구성되는가? 그것은 어떻게 표출되고 있으며, 앞으로 어떻게 더 변주될 수 있는 잠재력이 있는가? 이것은 서울의 새로운 질문이다. 하지만 이는 또한 미술의 새로운 질문이기도 하다. 여태까지 서울시의 자기 표현적 이벤트들이 주로 도시학, 건축, 디자인, 미디어 산업을 통해 구현되었던 반면, 『'98 도시와 영상 – 의식주』는 큐레이터 이영철의 주도하에 신진 미술가, 건축가, 사진가, 디자이너, 영화감독 등 다양한 분야의 시각예술가들이 참여하는 확장된 의미의 미술 전시로 고안된다.[15]

　　그런데 여기서 이영철이 '미술 전시'를 만드는 방식은, 적어도 그가 말하는 전시 기획의 과정은 상당히 특이하다. 그는 서울시립미술관 전시장을 미술의 제도가 아니라 서울이라는 이상한 도시에서 자라난

15　이 전시에 관해서는, 기혜경, 「'90년대 한국 미술의 새로운 좌표 모색 ― 『태평양을 건너서』전과 『'98 도시와 영상』전을 중심으로」, 『미술사학보』, 41호, 2013년 12월, 43~74쪽 참조.

잉여의 혹으로, 그런 것으로서 서울의 환유로 받아들이면서, 이 도시의 내부에서 '도시'를 재창조하는 것을 "현대적 미술 전시"의 과업으로 선언한다.

10미터가 넘는 천장의 중앙부, 천장을 받쳐주며 어지럽게 가로지르는 강철 빔들, 내부가 훤히 내려다보이는 난간, 공장이나 사무실에서 흔히 사용되는 눈부신 형광등 따위로 인해 첫눈에 거대한 창고나 실내 체육관처럼 보인다. 이 공간은 그 자체가 일종의 잉여이다. (…) 모든 것이 비규격적인 이 공간은 온통 어긋남으로 흘러 넘친다. 잉여는 나머지, 어긋남, 불균형을 뜻한다. 유기적인 질서, 규격화된 격자, 순수함으로부터 빗겨 있는 것이다. (…) 모든 시작의 조건은 말레비치가 생각하는 심연이나 공허로서 생각될 필요가 없을 수도 있다. 이미 어긋남으로 가득 차 있어 흘러넘치는 것이 아닌가. 태초에 말씀이 있던 것이 아니라 잉여가 있었다. 전시가 이뤄지는 현대 도시는 그 자체로 잉여적 존재다. (…) 시공간 압축 현상, 동일한 교환 시스템이 지구 표면을 뒤덮는 전 지구적 상황에서 시각 문화는 시각 이미지들의 정보 고속도상의 마스크일 따름이다. 시각예술을 광범위한 교차 문화의 바다에서 구제할 필요가 제기된다. 소통이

흘러넘치는 세상에서 필요한 것은 창조이고 그
것은 자신이 살고 있는 도시 안에 '보이지 않는
도시'를 만들어내는 과업과 같은 것이 된다.[16]

요컨대 『'98 도시와 영상 – 의식주』는 도시를 미술의
언어로 해석하는 것이 아니라 오히려 도시라는 시각
예술을 전유함으로써 미술을 재발명하고자 한다. 물
론 이 미술은 서울이라는 장소에 특정한 것이 아니다.
이영철이 도시를 보는 관점은 그가 '태평양을 건너서'
서울과 뉴욕, 그리고 다시 광주를 거치는 이동의 궤적
속에서 형성된 것이다.[17] 여기서 도시는 순환의 결절점
이자 그런 순환으로 뒤덮인 세계의 환유로서 어디서
나 이미 어느 정도는 동질한 혼란 속에 잠겨 있는 것으
로 상상되고, 미술은 이 혼란을 편집하고 재조합함으
로써 유의미한 인식의 틀을 구축하는 것으로 정의된
다. 따라서 원칙적으로 이 미술은 어느 한 도시에 정박
할 이유도 그럴 필요도 없다.

　　그러나 당시 한국에서 이처럼 흘러넘치는 순환
의 장으로서 미술 생산의 토양이 되어줄 수 있는 도시

16　이영철, 「오늘날 현대적 미술 전시는 어떤 의미를 갖는가 – 전
시 엔지니어링의 개념적 상상력을 위하여」, 『미술세계』, 2001년 3
월, 57, 64쪽. 본문에 명시된 저자의 말에 따르면, 이 글은 원래 1998
년에 작성된 것이다.
17　1990년대 이영철의 궤적에 관해서는, 기혜경, 앞의 글 참조.

는 서울이 거의 유일했다. 결과적으로 서울에서는 이 시기를 기점으로 어떤 상상적이고 유동적인 '지구' 속에서 태동한 새로운 미술 생산자들과 이에 기반한 동시대 미술의 제도가 빠르게 정착했다. 그리고 이를 통해 공급되는 '미술'은 서울을 포함한 지방 도시들에서 드물지 않게 어떤 전 지구적 순환의 향취를 지역에 덧입히고 그럼으로써 동시대적인 자본과 인구의 흐름을 지역으로 꾀어들일 수 있는 하나의 방편으로 소비되었다.

한국의 동시대 미술은 이처럼 세계화된 도시들과 그렇지 않은 도시들 사이에서, 도시를 순환 속에서 건져올리는 것과 순환 속으로 더 깊이 밀어 넣는 것 사이에서 종종 양가적인 역할을 수행했다. 순환 속에서의 구축과 순환의 구축, 또는 미술과 미디어는 때로 구별할 수 없이 뒤섞였다. 순환을 선도하거나 또는 적어도 따라잡고자 하는 도시의 관점에서는 더욱 그랬다. 이듬해인 1999년 『도시와 영상 – 세기말의 빛』이 미디어 기술을 변혁의 원동력으로 불러내는 미디어 아트 전시로 꾸며진 것은 우연이 아니다. 여기서 미디어와 미술은 도시가 꿈꾸는 미래의 모습을 비추는 일종의 마법 거울로서 일체화되었다. 그리고 이 같은 배치는 다음 해 『미디어_시티 서울 2000 – 도시: 0과 1사이』에서 한층 거대하게 되돌아왔다.

아이러니하게도, 최첨단 국제 미디어 아트 비엔

날레를 표방한 이 이벤트에는 의도치 않은 시대착오
가 감돌았다. 서울시는 금융 위기 직후였음에도 이 행
사에 100억 원대의 예산을 투입하여 꿈과 현실이 뒤섞
이고 미래가 현재로 침입하는 즐겁고 놀라운 경험을
약속했다. 그러나 실제 결과물은 지난 십수 년 동안 미
래를 소환하는 방법으로 여러 번 반복되었던 세계 미
술제와 박람회 형태의 전시들이 구태의연하게 혼합
된 모습으로 나타났다. 서울시립미술관 소속의 옛 서
울고등학교 건물과 서울600년기념관 건물을 채운 알
록달록한 미디어 설치물들은 전시장 바깥의 서울보
다 특별히 더 미래적이지도 않았고, 서울시 곳곳의 지
하철역과 전광판에 설치된 「지하철 프로젝트」와 「시
티 비전」은 서울의 무관심한 속도에 거의 대적하지 못
했다. 행사의 중심으로 관심을 모았던 「미디어아트
2000」은 지난 세기 미디어 아트의 역사와 현황을 전망
하는 교과서적 전시로 꾸며졌는데, 그 모습은 이제 갓
완공되어 아직 개관도 하지 않은 서울역사박물관 건
물을 마치 미술관처럼 보이게 만들었다.[18]

---

18 「서울의 꿈, 디지털로 펼쳤습니다 — 미디어시티 서울 2000 조
직위원회 총감독 송미숙」, 『문화관광 너울』, 88호, 2000년 10월.
https://kcti.re.kr/web_main.dmw?method=view&content
Seq=1791; 김장언, 「미디어아트에 담은 미래 도시의 꿈」, 『아트인
컬처』, 2000년 10월호, 129~132쪽; 「소문난 '미디어 잔치'에 손님
이 없다」, 『주간동아』, 253호, 2000년 10월 5일 자 기사 참조.

이후 서울시립미술관과 서울역사박물관은 2002년 5월 한일 월드컵 개막에 맞추어 각자 새 건물에서 새 삶을 시작했다. 그리고 서울시립미술관을 따라 경희궁을 떠난 '미디어_시티 서울', '미디어 시티 서울', 또는 '미디어시티서울'은 서울의 가파른 속도를 따라잡지 못해 휘청거리면서도 언제나 제 소명에 충실했다. 그것은 미디어-미술-도시가 근미래의 지평 속에서 조화롭게 통일되는 이상적 장면을 꿈꿨다. 그것이 그의 이름에 새겨진 존재의 이유였다. 얼마나 아름다웠든 또는 아름답지 못했든 간에, 그것은 동시대적 시간이라는 가설 무대를 꾸미는 배경막으로서 호출되었고, 더 이상 그 무대를 지탱할 수 없게 된 시점에서 제 이름을 잃었다.[19]

2014년 '서울 국제 미디어아트 비엔날레'라는 명칭을 버리고 '서울시립미술관 비엔날레'라는 이름으로 새출발한 『미디어시티서울 2014 − 귀신 간첩 할머니』는 서울이라는 미디어-도시가 그 모든 혼잡한 시간의 끝에서 오늘날 어디에 다다랐는지 간접적으로 보여준다. 전시 총감독을 맡은 박찬경은 서울시립미술관을 지금 여기의 도시와 최대한 단절시켜 거대한 미디어 장치 또는 극장으로 변모시킨다. 부서지고 가

19 「미디어시티서울에 관한 짧은 소개」, '미디어시티서울 2014 프리비엔날레' 웹사이트 참조. www.mediacityseoul.kr/pre-biennale2013/overview

려진 도시들을 뒤로하고 신령한 산들과 머나먼 섬들을 배회하는 전시의 시선은 도시의 나르시시즘적 회로에 맞선다기보다 오히려 그 회로가 이미 파열된 자리에서 출발하는 듯이 보인다. 도시 너머의 시간과 공간, 도시 바깥의 세계를 갈망하는 전시의 태도에는 일말의 긴급함마저 느껴진다. 그렇다면 이것은 비상 탈출인가? 어느 정도는 그렇다. 하지만 그것은 시내 한복판의 어두운 극장에서 상연되는 기나긴 꿈이기도 하다.

　　꿈이 흔히 그렇듯이 전시의 내용은 질서정연한 시간을 이루지 않는다. 그렇지만 1층부터 3층까지 순서대로 전시장을 돌아보면, 대체로 20세기에 있었던 일들, 20세기 이전부터 비롯된 것들, 20세기 이후에 남아 있는 것들이 차곡차곡 뇌리에 남는다. 이것들로 무엇을 하는가는 관객의 자유이니, 우리는 조각난 파편들을 모아 하나의 완결된 이야기를 만들어볼 수도 있다. 이를테면 이것이 한 편의 영화라고 하자. 카메라의 시점에 일체화된 얼굴 없는 화자가 산만한 역사 수업을 시작하면, 관객은 어느 순간 그가 전직 간첩임을 알게 되는데, 마지막에야 그가 실은 귀신이었다는 사실이 밝혀지고, 그가 자신의 이야기를 들어주고 어쩌면 자신을 성불시켜줄 어떤 영매의 존재를 찾고 있었음이 드러나며, 사실 이 모든 것은 애초부터 그 영매의 눈을 통해 관객에게 전달되고 있었음이 알려진다. 말하자면 그런 이야기도 가능하다.

하지만 이야기를 만드는 것이 내키지 않는다면, 역으로 이 파편들이 왜 조각나 있는지, 이들 사이에 무엇이 빠져 있는지 찾아볼 수도 있다. 여기 없는 것, 미디어의 극장으로 재현하지 못하는 것은 무엇인가? 이를테면 지난 세기를 지배하던 인간의 낙원으로서의 유토피아, 역사적 시간에 목적을 부여하던 '어디에도 없는' 세계의 상은 여기에 없다. 전시는 이미지의 파편들 사이에서 끊임없이 그 수수께끼 같은 부재를 곱씹는다. 그것은 헛된 약속이었나, 아니면 텅 비었기에 작동할 수 있었던 약속이었나? 그것은 과학이었나, 신화였나, 아니면 귀신이었나? 이 신원 미상의 헛것이 남긴 빈자리는 전시를 파열된 형태로 구성하는 일종의 뒤집어진 소실점 또는 그라운드 제로로서 전시장 곳곳에서 목격된다.

그런데 여기 없는 것은 또 있다. 전시장에 연출된 꿈의 무대는 기획자와 관객, 주최 기관을 통틀어 우리 모두의 기원으로서 서울이라는 미디어-도시를 맹점에 가둠으로써만 성립한다. 동질적 전 지구화에 오염된 장소로서든, 역사가 역류하는 막다른 골목으로서든, 또는 다른 어떤 이유에서든 간에, 지금 여기의 서울은 잘 보이지도 않고 볼 필요도 없는 무언가 지긋지긋한 것으로서 무대 바깥에 격리된다. 이것이 궁극적인 반성의 결과인지 아니면 반성의 궁극적인 중단

인지는 분명치 않다. 그러나 더 이상 자기 자신의 미래
를 꿈꾸지 못하는 도시가 순수한 극장으로 탈바꿈하
고, 그 속에서 역사적 시간의 후일담이 동시대적 시간
의 파산을 덮을 때에도, 우리가 여전히 이 도시의 일부
라는 사실만은 변하지 않는다. 과거 어느 때보다 철저
하게 가시적이고 과거와 전혀 다른 방식으로 비가시
적인 이 극장이 우리에게 주어진 세계다. 만약 그것이
불타오른다면, 분명 거기에는 유령들의 웃음소리가
진동할 것이다. 그렇지만 우리는 허공을 가르는 웃음
소리로 흩어질 수 없다. 우리는 유령이 아니기에, 우리
에게는 다른 꿈이 필요하다.

도판 목록

21쪽
최윤, 「이미지 벽 #3」,
2012~2013, 이동식
칸막이 벽, 캔버스에 유화,
접착식 시트 벽지, 총 4점
중 첫 번째 이미지 벽(앞면),
165×120cm.

22쪽
최윤, 「이미지 벽 #3」,
2012~2013, 이동식
칸막이 벽, 캔버스에 유화,
접착식 시트 벽지, 총 4점
중 첫 번째 이미지 벽(뒷면),
165×120cm.

53쪽
권용주, 「누구의 산 – 우리
정상에서 만나요」, 2009,
시멘트와 모래에 물, 재개발
지역들에서 발견한 이미지와
액자, 웹에서 수집한 이미지,
가변 크기.

69쪽
이정민, 「섬 – 완벽한
삼각형을 찾아서」, 2010,
종이에 사인펜, A4 크기
스케치패드에 반복해서 그린
작업 중 하나, 29.7×21cm.

76쪽
길종상가, 「네(내) 편한
세상」, 2013, 전시 설치 중
일부.

96쪽
이수성, 「무제(x Wh y ₩
- x, y는 전시 종료 이후
수정)」, 2015, 철망, 조명
레일, 조명등, 타이머, 디지털
전력 측정기, PC, 적산
전력계, 가변 크기.

107쪽
파트타임스위트, 「한 개 열린
구멍」, 2015, 전시 설치 중
일부, 사진 임장활
ⓒ 인사미술공간.

114쪽
『시청각 도서 II: 시청각
문서 1-[80]』, 2015,
스노우맨북스, 소목장 세미의
「인테리어형 녹음 세트」에
비치된 모습, 사진 정민구,
제공 시청각.

135쪽
『국립현대미술관
준공개관기념전』 포스터,
1986
ⓒ 국립현대미술관
미술연구센터.

153쪽
강동주, 「2848초의 달을
위한 드로잉」, 2015, 먹지에
종이, 250×137.16cm
ⓒ 일민미술관

154쪽
강동주, 「324초의 달」,
2013, 종이에 먹지,
220×122cm
ⓒ 일민미술관

161쪽
김동희, 「풍장」, 2014,
자갈, 철제 구조물, 「도킹
하우스」를 들판으로 옮겨와
조립, 가변 크기.

도미노 총서 2	1002번째 밤: 2010년대 서울의 미술들
지은이	윤원화
초판 1쇄 발행	2016년 9월 1일
2쇄 발행	2016년 10월 10일
기획 및 진행	도미노 편집동인
편집	박활성
디자인	홍은주 김형재
인쇄 및 제책	스크린그래픽
출판 등록	워크룸 프레스 2007년 2월 9일 (제300-2007-31호) 03043 서울시 종로구 자하문로16길 4, 2층
전화	02-6013-3246
팩스	02-725-3248
이메일	workroom@wkrm.kr
홈페이지	www.workroompress.kr www.workroom.kr
ISBN	978-89-94207-71-1 04080 978-89-94207-68-1 (세트)
값	13,000원

이 도서의 국립중앙도서관 출판시도서목록(CIP)은
서지정보유통 지원시스템 홈페이지(seoji.nl.go.kr)와
국가자료공동목록시스템(www.nl.go.kr/kolisnet)에서
이용하실 수 있습니다.
CIP제어번호   CIP2016020012